Kaffeesatzlesen

Von Naziha

Kaffeesatzlesen

Von Naziha

ARCHE NOAH
Musik ☆ Buchverlag

Der Verlag und der Autor übernehmen keine Haftung für Schäden irgendwelcher Art, die sich direkt oder indirekt aus einem falsch verstandenen Gebrauch des hier vorgestellten Systems ergeben könnten.
Alle Ratschläge in diesem Buch sind von dem Autor und dem Verlag sorgfältig geprüft worden, dennoch kann eine Garantie nicht übernommen werden.

ISBN 10: 3-931721-53-1
ISBN 13: 978-3-931721-53-4

D - 86971 Peiting
Tel.: 08861-59018 (Arche Noah)
Fax: 08861-67091
E-Mail: info@verlag-arche-noah.de
Internet: www.verlag-arche-noah.de

Inhaltsverzeichnis

Kaffee sollte sein,

so heiß wie die Küsse eines Mädchens
am ersten Tag,

so süß wie die Nächte in ihren Armen

und

so schwarz wie die Flüche ihrer Mutter,
wenn sie davon erfährt!

Arabisches Sprichwort

Vorwort

In Deutschland gibt es die Redensart, „das ist ja wie Kaffeesatzlesen“, wenn man ausdrücken möchte, dass eine konkrete Vorhersage so gut wie unmöglich sei.

Auch ich stellte der ersten Ausgabe meines Buches über das Kaffeesatzlesen, die ich - am Computer selbst erstellt und handgeklebt - auf Flohmärkten verkaufte, den Hinweis voran, dass die „in diesem Buch gegebenen Deutungen als Lebenshilfe, auf keinen Fall aber als zwingend einzutretende Realität zu sehen seien, nach denen man sein Leben ausrichten sollte“. Um weiterführenden Missverständnissen vorzubeugen, hatte ich sogar noch den Passus „für den Inhalt dieses Buches wird aus rechtlichen Gründen keine Haftung übernommen!“ dazugesetzt.

Andererseits wusste ich um die oft verblüffend präzisen Aussagen, die ein halbwegs geübter Hand- oder Kaffeesatzleser treffen kann, hatte ich doch bereits selbst in jungen Jahren einer mir gänzlich unbekannten, sehr jungen Frau aus der Hand gelesen, dass sie sechs Kinder haben würde, die sie - zu meiner großen Verwunderung - trotz ihrer jungen Jahre tatsächlich bereits auf die Welt gebracht hatte. Auch hatte ich auf einem Münchner Festival, auf dem ich meine Dienste anbot, einer in den Wechseljahren befindlichen Frau eine mir in diesem Moment schwer vorstellbare Schwangerschaft aus dem Kaffeesatz gelesen. Wie sich herausstellte, hatte sich diese Frau aber ohne mein Wissen auf eine Vorhersage für ihre Cousine konzentriert, die – wie sich herausstellte – wirklich schwanger war.

Man sollte dem Kaffeesatzlesen also mit gesundem Menschenverstand und einer natürlichen Skepsis entgegentreten, sich aber ebenso öffnen für das oft unerklärlich Erklärte, dass sich aus den Spuren im Kaffeesatz ergeben kann.

Richtig verstanden und korrekt praktiziert kann uns das Kaffeesatzlesen eine Ahnung davon geben, dass es hinter der uns Menschen möglichen Wahrnehmung noch eine andere „Realität" gibt, die uns vielleicht beunruhigen, aber auch Trost spenden kann Ob man diese „Realität" nun „göttliche Fügung" oder einfach „Schicksal" nennt, Tatsache ist, dass die Menschen niemals aufhören werden, dieser „anderen Realität" auf die Schliche kommen zu wollen. Das ist der einfache Grund dafür, dass das Kaffeesatzlesen seit Jahrhunderten in der Tradition des Orients fest verankert ist, bis heute nichts an Attraktivität eingebüßt hat und auch in Europa immer mehr Interesse findet.

Mit diesem kleinen Buch möchte ich Sie an meinen Kenntnissen teilhaben lassen und Ihnen die Faszination des Kaffeesatzlesens vermitteln, wie ich es von meiner Mutter gelernt habe, wie diese es von ihrer Mutter übermittelt bekam, und diese es wiederum von ihren Vorfahren lernte.

Meine Geschichte

Meine Familie kommt ursprünglich aus Palästina. Meine Mutter Naziha wurde in einem Ort namens Zababdeh im Norden der Westbank geboren. Sie hatte acht Geschwister. Die Lebensumstände waren ärmlich und die Kinder mussten früh mithelfen, den Lebensunterhalt zu verdienen. Daher konnte Naziha die Dorfschule nur bis zur 6. Klasse besuchen und wuchs als eine der vielen Analphabeten des Landes auf. Sehr bald aber wurde deutlich, dass sie eine besondere Begabung für das Kaffeesatzlesen besaß. Ihre Mutter Farha tat alles, um die Gabe ihrer Tochter zu fördern. Noch heute gibt es in Zababdeh eine starke Tradition des Kaffeesatzlesens, die nicht zuletzt wegen der Künste meiner Mutter auch der Islamisierung der letzten Jahrzehnte standgehalten hat.

Aus wirtschaftlichen Gründen wanderte meine Familie in den 70er Jahren nach Deutschland aus und siedelte sich in München an. Dort wurde ich am 2. Dezember 1970 geboren. Ich war das Nesthäkchen, der Jüngste unter zwei Schwestern und einem Bruder. Meine Geschwister nahmen „den Kleinen" nicht wirklich für voll, also bemühte ich mich, Dinge zu finden, die ich besser konnte als sie. Auch war ich oft zuhause bei meiner Mutter und ihren zahlreichen Freundinnen, hörte deren Gesprächen aufmerksam zu und entwickelte so früh ein Interesse an typisch weiblichen Dingen, wie zum Beispiel dem Handlesen.

Schon bald wusste ich genau wie ich es schaffen konnte, die Aufmerksamkeit auf mich zu lenken. Alle waren von der Präzision meiner Vorhersagen überrascht - am meisten ich selbst! Mein Ehrgeiz war geweckt und ich wollte nun auch das Kaffeesatzlesen für mich entdecken. Zwar durfte ich als Kind noch keinen Kaffee trinken, aber ich fiel allen

Erwachsenen so lange auf die Nerven, bis sie mir ihre Tassen zum Lesen des Kaffeesatzes zur Verfügung stellten.

Meine Mutter bewies echt mütterliche Geduld mit meinen unendlich vielen Fragen, obwohl sie meinen Wissensdurst zu Beginn wohl nicht ganz ernst nahm, schließlich war Kaffeesatzlesen seit jeher „Frauensache" .

Mit der Zeit erkannte sie aber, dass es ihrem Sohn Ernst war und entschloss sich, meine Neigung zu unterstützen, wie schon ihre Mutter die ihre unterstützt hatte. Dafür bin ich ihr noch heute sehr dankbar und es macht mich stolz, dass ich es bin, der die Tradition des Kaffeesatzlesens in der sechsten Generation unserer Familie fortführen kann!

Kleine Geschichte des Kaffeesatzlesens und des Kaffees

Die Kunst des Kaffeesatzlesens wird auf das biblische Volk der Philister zurückgeführt, dessen Herkunft bis heute nicht vollständig geklärt ist. Man vermutet, dass die Philister von den ägäischen Inseln und vom griechischen Festland nach Palästina eingewandert sind. Andere sagen, die Philister stammen von der West- und Südküste Kleinasiens. Jedenfalls überlieferten die Philister die Tradition der Weissagung mit Hilfe des Kaffeesatzes von Generation zu Generation und verfeinerten dabei dessen Symboldeutung kontinuierlich.

Dieses Wissen wurde von den Nachfahren der Philister im heutigen Palästina großteils unverändert übernommen. Auch im modernen Palästina ist die Tradition des Kaffeesatzlesens in der Gesellschaft fest verankert. Man praktiziert es auf dem Basar oder im privaten, familiären Kreis, Es gilt als Domäne der Frauen, die ihre Kenntnisse untereinander und an ihre Töchter weitergeben.

Die Legende besagt, dass sich ein philistinisches Mädchen in einen Jüngling verliebt hatte, sie jedoch einem anderen versprochen war. Aus Liebeskummer und Verzweiflung wollte sich das Mädchen das Leben nehmen und tat Gift in ihren Kaffee. Sie zögerte jedoch, den Kaffee zu trinken und schüttete diesen auf die Untertasse. Als sie sich den in der Tasse verbliebenen Kaffeesatz ansah, erblickte sie darin den Namen ihres Liebsten und die Anfangsbuchstaben ihrer beider Namen, die als zwei in sich verschlungene Ringe geschrieben waren. So ermutigt gestand das Mädchen ihrem Angebeteten ihre Liebe, der Jüngling entführte sie an einen Ort, an dem sie beide unbekannt waren und unerkannt bleiben konnten, sie heirateten und lebten fortan glücklich miteinander bis ans Ende ihrer Tage.

Auch um den Kaffee selbst ranken sich viele Geschichten: So soll nach einer islamischen Legende der Erzengel Gabriel den Propheten Mohammed mit dem schwarzen Gebräu in einen Zustand gebracht haben in dem er stunden- und tagelang beten konnte.

In Palästina erzählt man sich folgende Geschichte: Ein armer Derwisch, der mit seinen Ziegen in der Mitte des alten Arabiens wohnte, bemerkte eines Abends, als die Tiere von der Weide in den Stall zurückkehrten, eine auffallende Munterkeit. Am nächsten Tag ging er den Tieren nach und entdeckte, dass sie die Blätter und Blüten eines bestimmten Baumes fraßen. Er probierte selbst davon und entwickelt nach dem Genuss der Blätter und Beeren eine solch ungewöhnliche Heiterkeit, dass er bei seinen Nachbarn in den ungerechten Verdacht des verbotenen Weingenusses fiel. Als er seinen Nachbarn allerdings erzählte, er habe nur eine Pflanze zu sich genommen, die seine Ziegen entdeckt hätten, und ihnen die Wirkung beschrieb, glaubten sie ihm und sagten, dass Allah diese Pflanze - den Kaffeestrauch - für die Gläubigen bestimmt habe, um diese für den verbotenen Weingenuss zu entschädigen.

Tatsächlich liegt die Heimat des Kaffeestrauchs im heutigen Äthiopien, in den Bergen des alten Königreichs namens Kaffa. Die grünen Kaffeebohnen wurden von den dort lebenden Nomadenstämmen unter die Zunge gelegt oder gekaut, um eine belebende Wirkung zu erzielen. Erst später – man vermutet ab dem 9. Jahrhundert – begann man aus den Früchten der wild wachsenden Pflanze einen Sud zu gewinnen und diesen – unserem heutigen Kaffee ähnlich – zu trinken.
Entgegen der landläufigen Meinung, stammt das Wort „Kaffee" allerdings nicht vom Königreich Kaffa ab, sondern vom arabischen Wort „qahwah" mit dem ursprünglich der für gläubige Moslems verbotene Wein bezeichnet wurde. Wegen der anregenden Wirkung wurde der Kaffee nun zum

„Wein des Islam". Mit der Verbreitung des Islam unter den Türken, übernahmen diese von den Arabern auch deren Kaffeetrinkgewohnheiten. Es entwickelte sich ein schwunghafter Handel mit Kaffee, von den Türken „Kahwe" genannt.

Die belebende Wirkung des Koffeins wurde bereits im Jahr 1015 vom berühmten persischen Arzt und Philosophen Avicenna erkannt und als stimulierendes Heilmittel eingesetzt. Die Araber kultivierten schon im 11. Jahrhundert den Kaffeeanbau an den künstlich bewässerten Küstenhängen des Roten Meeres. Im Jahr 1554 wurde in Konstantinopel, dem heutigen Istanbul, das erste Kaffeehaus auf europäischen Boden eröffnet. Handelsreisende brachten die Kunde vom Kaffee nach Zentraleuropa. 1624 traf die erste größere Kaffeelieferung für Europa in Venedig ein. 1645 wurde ein Kaffeehaus in Venedig eröffnet. Weitere Kaffeehäuser folgten: 1650 in Oxford, 1673 in der Hansestadt Bremen, 1677 in der Hansestadt Hamburg, 1696 in Nürnberg, 1697 in Würzburg, 1704 in München und 1721 in Berlin. Der Siegeszug des Kaffees war nicht mehr aufzuhalten!

Vorbereitung

Stellen Sie einen Kochtopf, Kaffee und Zucker bereit.

Schaffen Sie eine entspannte Atmosphäre, indem Sie vielleicht Kerzen anzünden, arabische Musik auflegen und es sich mit vielen Kissen gemütlich machen.

Achten Sie darauf, nur echten arabischen Mocca-Kaffee und nicht etwa in Deutschland handelsüblichen Filterkaffee oder löslichen Pulverkaffee zu verwenden, da dieser wegen seiner Konsistenz fürs Kaffeesatzlesen nicht geeignet ist.

Verwenden sie 2 Schnapsgläser voll Wasser pro Mokkatasse = 40 ml (bei 4 Tassen haben sie dann 160 ml = ca ein kleines normales Wasserglas voll). Erhitzen sie das Wasser bis es kocht.

Geben Sie je nach Geschmack Zucker hinzu (wir empfehlen für 4 Mokkatassen: 2,5 gehäufte Kaffeelöffel) und verrühren diese im Wasser. Sofort danach geben Sie 2,5 gehäufte Kaffeelöffel mit arabischen Kaffee dazu.

Während des Kochens bildet sich ein Kaffeeschaum, den Sie unter ständigem Rühren von unten nach oben schöpfen, da die Flüssigkeit sonst überlaufen könnte Nach kurzer Zeit fällt dieser Schaum in sich zusammen, womit der Kaffee bereits trinkfertig wäre!

Vorsicht: Heiss!

Acht wichtige Grundregeln für das Kaffeesatzlesen

1) Es ist nicht sinnvoll, sich öfters als einmal pro Tag aus dem Kaffeesatz lesen zu lassen.

2) Entscheiden Sie vor dem Kaffeesatzlesen, ob Sie Auskunft über Vergangenheit, Gegenwart oder Zukunft haben möchten.

3) Es sollte möglichst immer eine andere Person aus dem Kaffeesatz lesen, als die, die den Kaffee ausgetrunken hat.

4) Rühren Sie den Kaffee noch einmal um, bevor sie ihn in Ihre Tasse gießen.

5) Lassen Sie dem Kaffeesatz ein wenig Zeit, sich auf den Boden der Tasse abzusetzen bevor Sie trinken.

6) Trinken Sie Ihren Kaffee nur so weit aus, bis der Kaffeesatz ganz leicht von Flüssigkeit bedeckt ist. (Niemals den Kaffeesatz mittrinken!) Danach legen Sie die Untertasse umgedreht auf die Tasse, kreisen die Tasse dreimal im Uhrzeigersinn und konzentrieren sich auf einen bestimmten Wunsch. Entscheiden Sie dann, ob Sie etwas über die Vergangenheit, die Gegenwart oder die Zukunft wissen wollen.

Jetzt setzen Sie Tasse und Untertasse so ab, dass die Tasse verkehrt herum auf der Untertasse zu liegen kommt. Warten Sie drei Minuten und heben Sie dann die Tasse vorsichtig an. Wenn die Tasse an der Untertasse kleben bleibt und nur mit einem leichten Ruck hochzuheben ist, freuen Sie sich: Ihr Wunsch wird in Erfüllung gehen, und Ihre Frage wird positiv beantwortet werden!
Legen Sie die Tasse umgedreht noch etwa eine Minute schräg auf den Rand der Untertasse, so dass der letzte Rest noch vorhandener Flüssigkeit abfließen kann.
Jetzt ist der Kaffeesatz in ihrer Tasse so weit, dass man daraus Symbole erkennen und seine Schlüsse ziehen kann.

7) Symbole, die nach links gerichtet sind, haben einen negativen, nach rechts gerichtete Symbole einen positiven Einfluss auf die Deutungen. Frontal ausgerichtete Symbole sind neutral.

8) Symbole können auch auf dem Kopf stehen. Man muss die Tasse also manchmal entsprechend drehen, um Symbole richtig erkennen zu können, Dann ist darauf zu achten, dass man rechts und links richtig zuordnet.

Symbole und ihre Bedeutung

Adler = Luftzeichen

Der Adler ist ein Symbol für Freiheit, Mut und Weitsichtigkeit!

Vergangenheit

Adlerkopf
Es gibt jemanden, der Sich Gedanken um Sie macht und ein Auge auf Sie wirft!

Ganzer Adler
Sie haben sich in der Vergangenheit mit Ihrem Verhalten die Wege bereitet, die Sie nun beschreiten können!

Gegenwart

Adlerkopf
Momentaner Geldsegen!

Ganzer Adler
Sie suchen nach Auswegen, Sie haben aber sehr viel Kraft und Ausdauer!

Zukunft

Adlerkopf
Schauen Sie sich genau an, was Sie vorhaben, es ist Vorsicht geboten!

Ganzer Adler
Sie werden eine Veränderung erleben, die Ihnen neue Wege eröffnet.

Affe = Erdzeichen

Der Affe ist ein Symbol für Entwicklung, Schläue, und Grenzfindung!

Vergangenheit

Affenkopf
Sie haben eine Entwicklung durchlebt die Ihnen nicht leicht gefallen ist!

Ganzer Affe
Alte Freunde geben Ihnen Denkanstöße und helfen so weit es geht!

Gegenwart

Affenkopf
Sturheit hilft jetzt nicht weiter, bleiben Sie gesprächsbereit!

Ganzer Affe
Jemand ist Ihnen feindselig gestimmt, nehmen Sie sich in Acht vor Fremden!

Zukunft

Affenkopf
Sie sind zu risikobereit, denken Sie über alles noch einmal in Ruhe nach!

Ganzer Affe
Sie treffen jemanden, den Sie kennen, aber lange nicht gesehen haben!

Angel = Wasserzeichen

Die Angel ist ein Symbol für Zusammengehörigkeit, Raffinesse, Gefahr!

Vergangenheit

Angel
Zusammengehörigkeit ist für Sie bis jetzt sehr wichtig gewesen, machen Sie sich dies zu Nutzen!

Angel mit Fang
Sie fischen in anderen Gewässern, passen Sie auf die Konkurrenz auf!

Gegenwart

Angel
Sie wollen sich fester binden, ist Ihr Partner dazu bereit?

Angel mit Fang
Raffiniert setzten Sie Zeichen, mit denen Ihnen jetzt jeder in die Falle geht!

Zukunft

Angel
Was sie heute säen, werden Sie später ernten!

Angel mit Fang
Ihnen wird der große Fang gelingen, achten Sie nur darauf, nicht zu übertreiben!

Auge/n = Erdzeichen

Die Augen sind ein Symbol für Wachsamkeit, Eifersucht, Neid, Missgunst, und die im Kaffeesatz am häufigsten vorkommenden Symbole.

Achten Sie darauf, ob die Augen geschlossen oder geöffnet sind!

Vergangenheit

Das offene Auge
Jemand ist auf das von Ihnen Erreichte neidisch.

Mit Wimpern= weiblich, **Ohne Wimpern =** männlich!

Viele Augen
Verwandtschaft - erwartet einen Besuch!

Gegenwart

Auge
Bleiben Sie wachsam und schauen Sie sich genau an, was Ihnen die Umwelt zu bieten hat!

Viele Augen
Ihnen steht eine Prüfung bevor!

Zukunft

Auge
Ein großes Auge steht für Religion und muss mit Bedacht behandelt werden. Es kann eine tiefgreifende Erfahrung oder einen schweren Unfall vorhersagen!

Viele Augen
Sie Treffen jemanden, den Sie kennen
aber lange nicht gesehen haben!

Auto = Geistzeichen

Das Auto – Karre oder Ähnliches, ist ein Symbol für Reisen, Besuch, Veränderung, Mobilität!

Vergangenheit

Auto
Sie schweifen oft in der Vergangenheit umher und suchen etwas ohne Grund! Erforschen Sie den Grund!

Auto mit Fahrer
Aus der Geister/Ahnenwelt kommen Signale - achten Sie darauf!

Gegenwart

Auto
Sie brauchen eine Veränderung.
Holen Sie aus zu neuen Taten!

Auto mit Fahrer
Jemand gibt Ihnen einen guten Rat, gehen Sie darauf ein und erholen Sie sich!

Zukunft

Auto
Veränderungen oder Wohnungswechsel stehen Ihnen ins Haus, bauen Sie rechtzeitig vor!

Auto mit Fahrer
Jemand begleitet Sie auf Ihrer Reise ins Ungewisse.
Sie können sich auf diese Person verlassen!

Baby = Erdzeichen

Das Baby ist ein seltenes Symbol und steht für Wünsche, Geborgenheit, Ängste, Sehnsucht!

Vergangenheit

Baby
Sehnsüchte nach Erfahrungen in der Vergangenheit plagen Sie und lassen Sie in Nostalgie schweifen!

Baby betreffende Gegenstände
Kleinigkeiten in Ihrer Kindheit sind immer noch in Ihrem Geist verankert und können sich nach links gerichtet positiv auswirken und anders herum negativ!

Gegenwart

Baby
Sie brauchen Geborgenheit und Liebe jetzt nötiger denn je!

Baby betreffende Gegenstände
Vielleicht wäre ein Arztbesuch hilfreich!

Zukunft

Baby
Ängste im Privatleben brauchen Sie in naher Zukunft nicht zu befürchten!

Baby betreffende Gegenstände
In Ihrer engen Umgebung wird sich einiges tun in punkto Familienplanung!

Bach = Wasserzeichen

Der Bach ist ein häufig vorkommendes Symbol und steht für Reinheit, Religiosität, Stärke, Urvertrauen!

Vergangenheit

Bach
Sie schöpfen viele Ideen aus der Lebenserfahrung Ihrer Vergangenheit!

Bäche = Ihr Einfluss ist weitgehender als Sie Denken!!

Gegenwart

Bach
Sie haben zur Zeit eine mitreißende Aura die alle begeistert. Bauen Sie dies zu Ihrem Nutzen aus!

Bäche
Sie vermitteln Ihrer Umgebung ein Gefühl von Urvertrauen. Gehen Sie mal Ihrer Religion nach und erforschen Sie dieses Urvertrauen!

Zukunft

Bach
Gehen Sie mit reinem Gewissen in eine Zukunft, die Sie mit offenen Armen aufnimmt!

Bäche
Turbolenzen sind sicher, aber sie haben die nötige Stärke diese mit Pravour zu meistern!

Berg = Erdzeichen

Der Berg ist ein häufig vorkommendes Symbol und steht für Hindernisse, Herausforderungen, Ziele!

Vergangenheit

Berg
Sie sollten prüfen, ob Sie die Ziele, die Sie sich gesteckt haben erreicht oder erst angekratzt haben!

Berge
Ihnen standen viele Hindernisse im Weg, die jetzt einer Analyse unterzogen werden sollten!

Gegenwart

Berg
Sie haben das Gefühl, nicht über sich hinaus zu können. Machen Sie öfter mal eine Pause!

Berge
Ihnen werden momentan viele Steine in den Weg gelegt. Räumen Sie diese zur Seite und stapeln sie diese zu einem Berg hinter sich als Schutz vor weiteren Angriffen!

Zukunft

Berg
Stecken Sie Ihre Ziele nicht zu hoch!

Berge
Eine Berg und Talfahrt in allen Bereichen steht Ihnen in nächster Zeit bevor. Wappnen Sie sich und gehen Sie einen Schritt nach dem anderen vor, um diese zu bewältigen!

Bett = Geistzeichen

Das Bett ist ein Symbol für Ruhe, Erschöpfung und Träume!

Vergangenheit

Bett
Ihre Erschöpfung ruht aus der nahen Vergangenheit! Sie sollten eine Pause einlegen!

Bett mit Kissen
Ihnen wurden seitens der Arbeit öfters Vorwürfe gemacht, die Sie nicht schlafen ließen.
Verarbeiten Sie diese Erlebnisse!

Gegenwart

Bett
Träumen Sie öfters mal mit offenen Augen? Achten Sie darauf, damit Sie keine Probleme bekommen!

Bett mit Kissen
Leben Sie Ihr Intimleben intensiv aus? Achten Sie besser auf Ihre Partnerwahl!

Zukunft

Bett
Ihre Träume sind ihnen näher als Sie denken. Nehmen Sie es wahr!

Bett mit Kissen
Ihnen steht ein unverhoffter Glücksfall ins Haus.
Freuen sie sich!

Blume = Erdzeichen

Die Blume ist ein Symbol für Sinneswahrnehmung, Entfaltung und Schönheit!

Vergangenheit

Blume
Ein alter Verehrer taucht in Ihrem Leben erneut auf!

Blumen
Sie haben die alten Freundeskreise vernachlässigt. Pflegen Sie diese besser!

Gegenwart

Blume
Sie sind gerade dabei, sich innerlich neu zu gestalten. Achten Sie darauf, dass Ihre Persönlichkeit dabei nicht verloren geht!

Blumen
Ihnen werden zur Zeit viele Angebote gemacht. Greifen Sie danach, ein neuer Lebensabschnitt kündigt sich an!

Zukunft

Blume
Eine schwere Entwicklung steht Ihnen bevor, versuchen Sie diese bis zum Sommer zu bewältigen!

Blumen
Ein Abschied wird Ihnen weh tun!

Brief = Geistzeichen

Der Brief ist ein Symbol für Vergänglichkeit, Verständigung, Trost!

Vergangenheit

Brief
Ihnen ist eine wichtige Sache entgangen. Achten Sie darauf, dass Sie deswegen keine Probleme bekommen!

Briefe
Sie haben immer noch eine Rechnung mit jemanden offen, bereinigen Sie diese durch ein offenes Gespräch!

Gegenwart

Brief
Sie sind sich Ihrer Vergänglichkeit bewusst, leben Sie hier und jetzt und genießen Sie mal dass Leben!

Briefe
Viele tröstende Worte sind Ihnen gewiss, jedoch sollten Sie sich selbst entscheiden!

Zukunft

Brief
Schreiben Sie sich die Sache, die Sie vorhaben lieber auf, dann gibt es hinterher keine böse Überraschung!

Briefe
Sich um jemanden zu bemühen, ist nicht umsonst!

Buch = Geistzeichen

Das Buch ist ein Symbol für Wissen, Kreativität, und Lernprozesse!

Vergangenheit

Buch/ geschlossen
Ihnen ist Wissen verloren gegangen. Frischen Sie diese auf, es wird Ihnen helfen!

Buch/ geöffnet
Sie haben Vereinbarungen getroffen, die Ihnen nicht immer nur Vorteile bringen!

Gegenwart

Buch/ geschlossen
Sie müssen Ihr Wissen unbedingt vervollständigen, es kommt eine Prüfung auf Sie zu!

Buch/ geöffnet
Sie sind kreativer denn je, machen Sie etwas daraus!

Zukunft

Buch/ geschlossen
Ihnen wird etwas verschwiegen. Schauen Sie in naher Zukunft genau hin was Sie tun!

Buch/ geöffnet
Lernen ist das halbe Leben, da müssen Sie jetzt durch!

Buchstaben = Geistzeichen

Die Buchstaben sind häufig anzutreffen. Sie müssen mit Buchstaben vorsichtig umgehen, da es sehr Magische Zeichen sind! Es sind Symbole für Deutungen aus derWelt der Toten und nicht einfach so zu behandeln! Es gelten folgende Regeln:

Umlaute
sind negativ! Es sind nicht ausgesprochene Wünsche von verstorbenen, die Ihnen nahe standen! Versuchen Sie diese zu erfüllen, in dem Sie sich diese Wünsche für Ihren Verwandten mit geschlossenen Augen ausdenken!

Ganze Wörter
sind hier nicht zu behandeln! Siehe Verzeichnis Allgemein!

Geschlossen geschriebene Buchstaben
sind in positiv, da Sie in sich geschlossen sind und reine Namenshinweise liefern!

Offen geschriebene Buchstaben
sind neutrale Buchstaben und sind Zeitgeber für zukünftige Ereignisse, deren Eintreten man je nach Position im Alphabet in etwa abschätzen kann.

Das O
ist separat zu behandeln, da es auch ein Kreis sein könnte und daher nicht speziell zu den Buchstaben gezählt wird!

Clown = Erdzeichen

Der Clown ist ein seltenes Symbol und steht für Stimmungsschwankungen, Bewusstsein, Depressionen!

Vergangenheit

Clowngesicht
Sie haben in der Vergangenheit eine Entscheidung nicht so getroffen, wie Sie es sonst immer tun. Versuchen Sie zu analysieren warum.

Clownfigur
Erinnerungen aus der Vergangenheit kommen Ihnen öfters in den Sinn. Machen Sie sich bewusst, warum dem so ist.

Gegenwart

Clowngesicht
Sie brauchen sich nicht zu verstellen, Ihre Umgebung akzeptiert Sie auch so wie Sie sind! Sie sind zur Zeit wenig selbstbewusst!

Clownfigur
Ihnen gaukelt jemand etwas vor. Gehen Sie auf diese Person direkt zu und konfrontieren Sie diese mit gezielten Fragen. Der andere ist Ihnen gegenüber nur Unsicher!

Zukunft

Clowngesicht
Gehen sie zukünftig öfter aus, sonst fallen Sie in leichte Depressionen!

Clownfigur
Stimmungsschwankungen sind nur vorrübergehend und wetterbedingt!

Daune = Erdzeichen

Die Daune ist ein Symbol für Fürsorge, seelische Stärke und Beliebtheit!

Vergangenheit

Daune
Sie haben in Vergangenheit viel Fürsorge erhalten, geben Sie ein wenig davon ab!

Daunen
Ihr Selbstbewusstsein tanken Sie aus der Ihnen zugewandten Fürsorge in der Vergangenheit!

Gegenwart

Daune
Ihre Rastlosigkeit macht Sie beruflich unentbehrlich. Denken Sie aber mehr an Ihre Gesundheit und legen Sie mal eine Pause ein!

Daunen
Sie strotzen nur so vor Selbstbewusstsein. Seien Sie anderen gegenüber um so sensibler, sonst leidet Ihre Beliebtheit darunter!

Zukunft

Daune
Ihre seelische Stärke ist Ihnen in naher Zukunft eine große Stütze!

Daunen
Seelische Rückschläge und Trennungen sind für Sie kein Beinbruch. Sie meistern es leicht und finden einen Ausweg!

Dreieck = Geistzeichen

Das Dreieck ist ein Symbol für Teilen, Geben und Nehmen!

Vergangenheit

Dreieck
Sie haben viel zu teilen. Scheuen Sie sich nicht dies auch zu tun!

Dreiecke
Ihre Beziehung ist sehr verwinkelt und in Sackgassen eingefahren. Teilen Sie Ihre Gedanken mit Ihrem Partner, um Auswege zu finden!

Gegenwart

Dreieck
Geben Sie nicht zu viel von Ihnen preis; es soll Ihrem Gegenüber nicht zu leicht gemacht werden!

Dreiecke
Schauen Sie sich Ihre Beziehung genau an: gibt es vielleicht eine Dreieckskonstellation?

Zukunft

Dreieck
Nehmen Sie sich zukünftig was Sie wollen, ab jetzt sind Sie auch mal dran!

Dreiecke
Viele Puzzelteile ergeben für Sie später einen Sinn, nehmen Sie auf dem Weg dorthin jeden Hinweis ernst!

Dunst = Luftzeichen

Der Dunst ist ein Symbol für Verschleierung, Ungewissheit, Zukunftsängste!

Vergangenheit

Dunst dunkel
Vergangene Fehler zu verschleiern ist nicht ratsam, seien Sie offen!

Dunst hell
Manchmal ist es ratsam, nicht alle Details offen zu legen. Entscheiden Sie sich richtig!

Gegenwart

Dunst dunkel
Sie sind sich ihrem Gegenüber sehr ungewiss, gehen Sie aus sich raus!

Dunst hell
Jetzt ist es Zeit Ihr Geheimnis zu lüften!

Zukunft

Dunst dunkel
Ängste zu haben ist normal, sie aber nicht überhand gewinnen zu lassen ist ihre Aufgabe!

Dunst hell
Sehen Sie nicht alles so düster. Es ist nicht so schlimm, wie Sie denken!

Engel= Geistzeichen

Der Engel ist ein Symbol für Glück, Schutz und Übersinnliches!

Vergangenheit

Engelsflügel
Sie haben schon oft einen Schutzengel gehabt. Dies ist Ihnen weiterhin gewiss!

Engel
Ihnen wird das Glück förmlich nachgetragen!

Gegenwart

Engelsflügel
Schützen Sie sich vor Angriffen mit geistlicher Vorbereitung und Gebet!

Engel
Eine frohe Botschaft, die Sie sich nicht erklären können erreicht Sie unverhofft!

Zukunft

Engelsflügel
Sie werden unvorsichtig! Passen Sie bei nächtlichen Autofahrten oder gefährlichen Arbeiten auf!

Engel
Sie kennen die Person die Ihren Schutz braucht. Verweigern Sie diesen nicht!

Feder = Luftzeichen

Die Feder ist ein Symbol für Freiheit, Drang und Gruppenverhalten!

Vergangenheit

Feder
Sie haben viele Freiheiten genossen, überreizen Sie die Situation nicht!

Federn
Ihnen ist der Drang nach Freiheit zur Last geworden; auch finanziell!

Gegenwart

Feder
Drängen Sie jetzt nicht zu sehr zu einer Entscheidung, es könnte nachteilig sein!

Federn
Sie werden bedrängt etwas zu tun was Sie nicht wollen, gehen Sie Kompromisse ein!

Zukunft

Feder
Fügen Sie sich in die Gruppe ein, es hat momentan keinen Sinn dagegen zu kämpfen!

Federn
Bilden Sie eine Gruppe mit den Personen die zu Ihnen stehen damit Sie Ihre Interessen besser vertreten können!

Feuer = Feuerzeichen

Das Feuer ist ein Symbol das nur an der Flammenform zu erkennen ist und steht für Liebe, Hass, Eifersucht!

Vergangenheit

Feuer
Sie haben mit dem Feuer gespielt, es geht aber nicht immer gut!

Feuer, begrenzt
Ihnen ist Ihre Eifersucht zur Falle geworden, Sie können nur nachschauen und hoffen!

Gegenwart

Feuer
Ihre Leidenschaft ist ungebremst. Genießen Sie so lange es geht!

Feuer, begrenzt
Sie würden Ihren Partner jetzt am liebsten auf dem Scheiterhaufen verbrennen. Sie tun Ihm unrecht!

Zukunft

Feuer
Sie brennen darauf, die Person Ihres Interesses näher kennen zu lernen. Lassen Sie sich aber Zeit!

Feuer, begrenzt
Sie haben sich nicht entschieden ob Sie lieben oder hassen sollen. Es wird sich zeigen, warten Sie darauf.

Finger = Erdzeichen

Der Finger ist ein Symbol für Warnung, Dominanz und Anschuldigung!

Vergangenheit

Ein Finger
Sie haben mit Anschuldigungen zu kämpfen gehabt. Sinnen Sie nicht nach Rache!

Faust
Sie haben viel Gewalt erfahren, suchen Sie nach professioneller Hilfe!

Gegenwart

Ein Finger
Wie viel Warnungen brauchen Sie noch, um es endlich wahrzunehmen?

Faust
Hauen Sie mal mit der Faust auf den Tisch. Es ist ratsam jetzt!

Zukunft

Ein Finger
Seien Sie zukünftig nicht mehr ihren Mitmenschen gegenüber so dominant!

Faust
Sie prallen auf pure Ablehnung. Umgehen Sie diese, denn es wird Ihnen nicht gelingen das Verhältnis aufzutauen!

Frau = Erdzeichen

Die Frau ist ein Symbol für Leben, Partnerschaft und Gefühle!

Vergangenheit

Frau
Sie haben das Leben bis jetzt allein bestritten, es ist Zeit für Veränderung!

Frauen
Es wir hinter Ihrem Rücken über Sie gelästert. Lassen Sie sich nicht beirren!

Gegenwart

Frau
Ihre Partnerschaft erhält neues Leben und wird umso interessanter!

Frauen
Viele Partner sind Ihnen gewiss, wählen Sie mit bBedacht aus!

Zukunft

Frau
Lassen Sie die Gefühle Ihrem Partner gegenüber nicht verebben. Nehmen Sie sich zukünftig
mehr Zeit für Ihren Partner!

Frauen
Viele Partner sind Ihnen gewiss, wählen Sie mit Bedacht aus!

Gabel = Geistzeichen

Die Gabel ist ein Symbol für Wohlbefinden und Wohlstand!

Vergangenheit

Gabel klein
Sie haben sich hochgearbeitet, machen Sie weiter!

Gabel groß
Sie haben sich gehen lassen, treiben sie mehr Sport!

Gegenwart

Gabel klein
Jetzt ist die Zeit gekommen um für den Notfall zu sparen!

Gabel groß
Ihnen steht eine größere Investition ins Haus!

Zukunft

Gabel klein
Sie fühlen sich nicht so wohl. Machen Sie einen Gesundheits-check!

Gabel groß
Sie schöpfen aus dem Vollen. Gehen Sie dabei behutsam vor!

Gesicht = Erdzeichen

Das Gesicht ist ein Symbol für Selbsterkenntnis, Seelenspiegelung und Vererbung!

Vergangenheit

Gesichtskontur
Sie haben sich in einer Person wiedererkannt. Heben Sie deren gute Eigenschaften hervor!

Gesicht
Sie schauen auf Ihr Inneres, das Ihnen den Schritt, den Sie vorhaben nicht leichter werden lässt!

Gegenwart

Gesichtskontur
Sie versuchen sich Ihrem Partner so näher zu bringen wie Sie sind. Es gelingt Ihnen nicht richtig!

Gesicht
Ihnen lächelt die Liebe ins Gesicht. Erkennen Sie Ihre Gefühle und handeln Sie danach!

Zukunft

Gesichtskontur
Der Wunsch sich in einer Person widerspiegeln zu wollen, wird Ihnen in naher Zukunft nicht zuteil!

Gesicht
Ihr Drang, sich fort zu pflanzen ist größer als die Wahrscheinlichkeit. Da Sie sich einem zu großen Druck aussetzen. Gehen Sie an die Sache natürlicher ran!

Giraffe = Erdzeichen

Die Giraffe ist ein Symbol für Stolz, Großherzigkeit und Wertigkeitsbefinden!

Vergangenheit

Giraffe
Sie sind stolz darauf was Sie bis jetzt ohne fremde Hilfe geleistet haben, und dass mit gutem Grund!

Giraffen
Ihre Familie ist sehr froh, Sie wieder zu haben und mit Ihnen gemeinsam den weiteren Lebensweg bestreiten zu können!

Gegenwart

Giraffe
Sie leben auf großem Fuß, schauen Sie, ob Sie nicht vielleicht zu großherzig sind!
Giraffen
Sie können nicht jedem Mitmenschen helfen, auch großherzige Taten haben Grenzen!

Zukunft

Giraffe
Ihr Wertigkeitsgefühl leidet in ferner Zukunft etwas durch die Arbeit, es ist aber nicht von Dauer!

Giraffen
Ihre Mitmenschen achten Sie mehr als Sie ahnen. Gehen Sie mal mit offenen Augen auf Sie zu. Dann erkennen Sie wie wichtig Sie für die Gemeinschaft sind!

Glas = Geistzeichen

Das Glas ist ein Symbol für Weitsicht, Durchsichtund Klarheit!

Vergangenheit

Glas
Ihnen fehlte bis jetzt die nötige Weitsicht. Arbeiten Sie mehr daran!

Gläser
Auf vielen Hochzeiten zu tanzen ist schwer. Ihnen fehlte bis jetzt der nötige Durchblick!

Gegenwart

Glas
Klarheit verschaffen Ihnen jetzt nur ein klärendes Gespräch oder Raffinesse!

Gläser
Ihre klaren Ansichten verblüffen viele Menschen, können aber auch vor den Kopf stoßen!

Zukunft

Glas
Handeln Sie nun mit der nötigen Weitsicht. Es kann nur von Vorteil sein!

Gläser
Ihnen ist klar geworden, dass es nur einen Weg für Sie gibt. Halten Sie sich aber trotz dem andere Optionen offen!

Glut = Feuerzeichen

Die Glut ist ein selteneres und schwer zu erkennendes Symbol für Erfolg, Leidenschaft und Eifersucht!

Vergangenheit

Glutstücke
Die Leidenschaft der Vergangenheit ist fast erloschen. Prüfen Sie, ob es sich lohnt, diese neu zu entflammen!

Gluthaufen
Ihnen ist der Erfolg zu Kopf gestiegen. Mäßigen Sie sich, sonst ist alles schnell vorbei!

Gegenwart

Glutstücke
Ständige Eifersüchteleien machen Ihnen sehr zu schaffen, versuchen Sie dies zu ändern!

Gluthaufen
Sie erleben die Leidenschaft Ihres Lebens, kosten Sie diese aus!

Zukunft

Glutstücke
Kleine Erfolge sind der Weg zum dauerhaften Glück!

Gluthaufen
Eifersucht führt in Zukunft zum Bruch einer Beziehung und Komplikationen denen Sie nicht entgehen können!

Hammer = Geistzeichen

Der Hammer ist ein Symbol für Durchsetzungsvermögen, Gesetz und Konsequenz!

Vergangenheit

Hammer
Sie haben sich bis jetzt nie richtig durchgesetzt.
Das sollten sie ändern!

Großer Hammer
Der große Knall hat stattgefunden. Was machen Sie nun? Gehen Sie diplomatisch vor!

Gegenwart

Hammer
Sie haben nun die Konsequenzen aus Ihrem bisherigen Handeln zu tragen!

Großer Hammer
Der große Knall hat stattgefunden. was machen Sie nun? Gehen Sie diplomatisch vor

Zukunft

Hammer
Sie kommen mit dem Gesetz in Konflikt.
Seien Sie kooperativ!

Großer Hammer
Sie können die Gesetze der Natur nicht beeinflussen wie sie es möchten. Die Wahrheit bringt Sie in der Liebe womöglich noch am weitesten!

Hand = Erdzeichen

Die Hand ist ein Symbol für Wahrheit, Friede und Geldsegen!

Vergangenheit

Hand offen
Sie haben sich in Frieden getrennt und das ist gut so!

Hand geschlossen
Ihnen ist die Wahrheit bis jetzt verborgen geblieben. Suchen Sie nach ihr!

Gegenwart

Hand offen
Ein momentaner Geldsegen oder Gewinn ist Ihnen gewiss!

Hand geschlossen
Sie sind jemanden nicht sehr friedlich gesinnt. Mäßigen Sie sich!

Zukunft

Hand offen
Jemand reicht Ihnen in Zukunft die Hand zum Frieden. Nehmen Sie diese an!

Hand geschlossen
Sie sollten Ihren Geldsegen für schlechtere Zeiten zusammenhalten !

Herz = Erdzeichen

Das Herz ist ein starkes Symbol und auch das eindeutigste für Sex, Liebe und Gefühle!

Vergangenheit

Herz
Die Liebe zu Ihrem Partner ist noch nicht erloschen, auch bei allen Problemen die herrschen!

Herzen
Sie haben viele Herzen gebrochen auch viele, die Sie nicht kennen!

Gegenwart

Herz
Für Sie hängt der Himmel voller Geigen; es ist Wahre Liebe die Sie erleben!

Herzen
Ihnen fliegen die Herzen nur so zu. Achten Sie jedoch auf die Wahl ihrer Sexualpartner!

Zukunft

Herz
Unterscheiden Sie genauer zwischen Sex und Liebe!

Herzen
Jemand macht Ihnen ständig den Hof. Es ist aber ratsam, den Grund hierfür genauer anzusehen!

Hund = Erdzeichen

Der Hund ist ein Symbol für Treue, Freundschaft und Gehorsam!

Vergangenheit

Hund
Die Treue Ihrem Partner gegenüber ist unerschütterlich gewesen, behalten Sie diese bei!

Hund mit geöffnetem Maul
Ihre Freunde haben Sie nicht im Stich gelassen. Es ist Zeit für ein Dankeschön!

Gegenwart

Hund
Ihnen fällt es zur Zeit nicht leicht, treu zu sein. Geben Sie aber nicht nach!

Hund mit geöffnetem Maul
Es wird Gehorsam von Ihnen erwartet. Gehen Sie diplomatisch vor, aber verlieren Sie nicht Ihre Persönlichkeit!

Zukunft

Hund
Ein Freund gibt Ihnen einen Rat, auf den Sie hören sollten!

Hund mit geöffnetem Maul
jemand erwartet, dass Sie Ihm zuhören. Tun Sie das; Sie können dabei auch was lernen!

Hut= Geistzeichen

Der Hut ist ein Symbol für Weisheit, Nachdenklichkeit und Reue!

Vergangenheit

Hut
Sie haben weise Entscheidungen getroffen. Versuchen Sie die Ergebnisse jetzt zu analysieren!

Hut auf Kopf
Etwas macht Sie sehr nachdenklich. Gehen Sie dem auf den Grund!

Gegenwart

Hut
Weise zu handeln, fällt Ihnen momentan nicht leicht. Versuchen Sie es trotzdem!

Hut auf Kopf
Für Reue ist es jetzt zu spät. Jemand macht sich wegen Ihnen keine Gedanken mehr!

Zukunft

Hut
Jemand denkt viel über Sie nach. Geben Sie dieser Person das Gefühl, für sie da zu sein!

Hut auf Kopf
Jemand zeigt sich Ihnen gegenüber reumütig . Üben Sie Nachsicht!

Igel= Erdzeichen

Der Igel ist ein Symbol für Schutzbedürfnis, Abgrenzung und Extravaganz!

Vergangenheit

Igel
Sie haben sich sehr extrovertiert verhalten. Passen Sie sich ein wenig an; es ist nur zu Ihrem Vorteil!

Igel eingerollt
Sie hatten Angst und daher ein größeres Schutzbedürfnis als andere. Das ist normal!

Gegenwart

Igel
Sie fallen mit Ihrer Art sehr auf. Dies kann positiv, aber auch negativ sein, gehen Sie vorsichtig damit um!

Igel eingerollt
Sie grenzen Sich zu sehr von den anderen ab, wollen Sie das wirklich?

Zukunft

Igel
Sie werden erleben, das man versucht, Sie auszugrenzen. Lassen Sie das nicht zu!

Igel eingerollt
Sie werden sich aus einer Sache herausziehen die Ihnen nicht ganz geheuer ist. Folgen Sie Ihrem Gefühl!

Insel = Erdzeichen

Die Insel ist ein Symbol für Einsamkeit, Ruhebedürfnis und Abenteuer!

Vergangenheit

Insel
Ihr Weg war bis jetzt sehr einsam. Holen Sie sich Abwechslung ins Haus!

Inseln
Sie wollen Ihr Singleleben aufgeben.Tun Sie was Sie schon lange geplant haben!

Gegenwart

Insel
Ihr Ruhebedürfnis ist größer als sonst. Achten Sie auf Signale Ihres Körpers!

Inseln
Sie brauchen ein Abenteuer, in das Sie sich stürzen können. Worauf warten Sie?

Zukunft

Insel
Sorgen Sie für Ruhe in Ihrem Leben, sonst verausgaben Sie sich zu schnell!

Inseln
Ihr Glück finden Sie in der Ferne, gehen Sie dieses Abenteuer ein. Sie werden es nicht bereuen!

Jaguar = Erdzeichen

Der Jaguar ist ein Symbol für Stärke, Ausdauer und Geduld!

Vergangenheit

Jaguarkopf
Sie haben bis jetzt Stärke gezeigt. Geben Sie nicht nach!

Ganzer Jaguar
Sie fühlen sich körperlich ausdauernd und sind oft auf dem Sprung zu neuen Abenteuern!

Gegenwart

Jaguarkopf
Ihre Geduld wird sich jetzt auszahlen!

Ganzer Jaguar
Sie sind auf dem Höhepunkt Ihrer Karriere! Bleiben Sie da so lange es geht!

Zukunft

Jaguarkopf
Gehen Sie die Sache in Zukunft mit ausdauernder Geduld an!

Ganzer Jaguar
Sie können ruhig noch einen Gang zulegen. Sie sind leistungsfähiger als Sie denken!

Jalousie/en = Erdzeichen

Die Jalousie ist ein Symbol für Durchblick, Schutz und Bedecktheit!

Vergangenheit

Jalousie
Sie haben sich die Sache bis jetzt hinter schützender Stellung angesehen. Gehen Sie in die Offensive!

Jalousie/en
Jemand hält sich mit seinen wahren Gefühlen bedeckt. Die Angst. die jene Person Ihnen gegenüber hat, sollten sie ihr nehmen.

Gegenwart

Jalousie
Ihnen fehlt im Moment der nötige Durchblick. Schauen Sie sich die Sache aus einer anderen Perspektive an und sammeln Sie Argumente!

Jalousie/en
Sie fühlen sich unter ständiger Beobachtung. Dieses Gefühl ist durchaus berechtigt!

Zukunft

Jalousie
Offenbaren Sie sich nicht völlig; eine gewisse Unnahbarkeit ist jetzt gefragt!

Jalousie/en
Rennen Sie Türen ein die, Ihnen bisher verschlossen geblieben sind, es ist Ihr Vorteil!

Joker = Geistzeichen

Der Joker unterscheidet sich vom Clown indem er nur als Gesicht gesehen wird und statisch wirkt. Er ist ein Unglückssymbol und steht für Tod, Tragödien, Unfälle und Schicksalsschläge!

Bitte behandeln Sie dieses Symbol mit Vorsicht und fragen Sie lieber noch einmal per Mail nach, um nicht eventuelle Falschdeutungen vorzunehmen!

E-Mail: odeh@saudia.de
Homepage:www.saudia.de

Vergangenheit

Joker
Schwere Schicksalsschläge haben Sie bis jetzt getroffen (Je nach Verbindung mit anderen Symbolen zu deuten)!

Gegenwart

Joker
Geben Sie auf Ihre Gesundheit äußerst acht und auf unfallträchtige Situationen (Je nach Verbindung mit anderen Symbolen zu Deuten)!

Zukunft

Joker
Ein Todesfall wird sich in Ihrem größeren Familienumfeld ereignen!
(Je nach Verbindung mit anderen Symbolen zu Deuten)

Junge = Erdzeichen

Der Junge ist ein Symbol für Reifeprozess, Übermut und Naivität!

Vergangenheit

Junge
Sie sind einen starken Reifeprozess durchlaufen der Ihrer Umwelt nicht verborgen geblieben ist!

Jungen
In der Gruppe fühlen Sie sich geborgen; neigen Sie bitte deshalb nicht zum Übermut!

Gegenwart

Junge
Sie sind naiv an die Sache rangegangen, zeigen Sie, dass man das nicht mit Ihnen machen kann!

Jungen
Sie haben das Gefühl, nicht so schnell reif geworden zu sein wie Ihre Freunde, seien Sie glücklich sich ein Stück Kindheit bewahrt zu haben!

Zukunft

Junge
Sie werden durch Ihren Übermut einen Fehler begehen, der allerdings nicht so schlimm ist, wie Sie denken!

Jungen
Jemand versucht Ihnen naiv was vorzuspielen, Sie durchschauen aber alles!

Kamel = Erdzeichen

Das Kamel ist das älteste Symbol in der Kaffeesatzleserei und steht für Ausdauer, Überlebenskraft, Eleganz und Anmut. Es wird seit Jahrtausenden vom Araber verehrt!

Vergangenheit

Kamel
Ihre Ausdauer hat Sie bis hier her gebracht. Tanken Sie neu auf und machen Sie weiter!

Kamele
Sie hatten eine schwere Krankheit hinter sich, die Sie mit Ihrem starken Überlebenswillen gemeistert haben!

Gegenwart

Kamel
Ihre Eleganz und Ihr Anmut wird Ihnen leider als Egoismus und Eitelkeit vorgeworfen, da müssen Sie jetzt durch!

Kamele
Sie haben momentan die richtigen Freunde die Ihre elegante, anmutige Art zu schätzen wissen!

Zukunft

Kamel
Ihre Ausdauer kennt keine Grenzen und damit öffnen Sie sich Tür und Tor!

Kamele
Ihre Überlebenskraft begeistert andere sehr, vor allem aber Ihren Lebenspartner!

Katze/n = Erdzeichen

Die Katze ist auch ein Ursprungssymbol und steht für Geschmeidigkeit, Eigensinn und List!

Vergangenheit

Katze
Ihre Geschmeidigkeit ist verloren gegangen; üben Sie mehr um sie wieder zu erlangen!

Katzen
Gesundheitlich waren Sie etwas angeschlagen. Jemand belastet Sie sehr. Schonen Sie sich noch etwas!

Gegenwart

Katze
Mit ihrer List rechnet jetzt niemand; setzen Sie zum finalen Sprung an!

Katzen
Eine Verschwörung gegen Sie ist im Gange, List ist jetzt gefragt!

Zukunft

Katze
Ihr Eigensinn verschließt Ihnen Tore. Seien Sie etwas vorsichtiger!

Katzen
Es wird viel über Sie im negativen Sinne geredet. Arbeiten Sie gegen dies an, jedoch nicht um jeden Preis!

Kerze = Feuerzeichen

Die Kerze ist ein Symbol für Licht, Angstverdrängung, Stimmungswechsel und Romantik!

Vergangenheit

Kerze
Sie versuchten Ihre Ängste zu überspielen; dies ist Ihnen aber nicht immer gelungen!

Brennende Kerze
Ihre Romantischen Vorstellungen wurden von Ihrem Partner nicht erwidert!

Gegenwart

Kerze
Das Wetter hilft Ihnen nicht gerade bei Ihren Stimmungsschwankungen, Achten Sie aber darauf, diese nicht an anderen auszulassen!

Brennende Kerze
Ihre Romantische Ader begeistert Ihren Gegenüber sehr. Auch ist es eine gute Zeit für künstlerische Tätigkeiten!

Zukunft

Kerze
Bei Ihren Gefühlen geht es von Tag zu Tag Berg auf und ab. Es legt sich nur allmählich!

Brennende Kerze
Sie verlieren zunehmend Ihre Ängste vor dem, das Sie schon lange fürchten!

Kind/er = Erdzeichen

Das Kind ist ein Symbol für Licht, Angstverdrängung, Stimmungswechsel und Romantik!

Vergangenheit

Kind
Es wirkten viele Einflüsse von außen auf Sie, die Sie nicht wirklich ernst nahmen und kindisch fanden!

Kinder
Die Angst vor Autorität ist Ihnen seit Ihrer Kindheit geblieben. Machen Sie sich davon frei!

Gegenwart

Kind
Ihre Stimmung und Kinderwünsche vermischen sich und sind sehr schwankend!

Kinder
Sie gehen auf Fremde zu und sind anders Denkenden gegenüber offen!

Zukunft

Kind
Sie brauchen einen Partner der romantisch ist und Sie auch mal überraschen kann!

Kinder
Ihnen merkt man an wenn Sie Angst haben. Also verstecken Sie es erst gar nicht, dass macht Sie nur sympathischer!

Körper = Erdzeichen

Der Körper ist ein Symbol für Vergänglichkeit, Alterung und Begierde!

Vergangenheit

Körpervorderseite
Sie sind sich bewusst dass Sie gealtert sind. Dies macht Ihnen aber nichts aus!

Körperrückseite
Sie begehren jemanden, der Ihnen aber den Rücken vielleicht ohne Absicht zukehrt.

Gegenwart

Körpervorderseite
Ihnen wird nun bewusst, dass Ihr Lebensstiel auch Opfer fordert

Körperrückseite
Bewusst nehmen Sie nun alle Beschwerden auf Ihren Rücken. Achten Sie darauf, dass die Last nicht zu schwer wird!

Zukunft

Körpervorderseite
Das Alter macht auch vor Ihnen keinen halt. Sie können sich aber Körperlich fit machen.

Körperrückseite
Bewusst nehmen Sie nun alle Beschwerden auf Ihren Rücken. Achten Sie darauf dass die Last nicht zu schwer wird!

Kreis/e = Geistzeichen

Der Kreis ist ein Symbol für Gefangenheit, Verbundenheit und Ewigkeit!

Vergangenheit

Kreis
Sie waren mit Ihren Gefühlen ein wenig in einen geschlossenen Kreis gefangen!

Kreise
Ihre Verbundenheit mit Ihrer Familie war eine sehr innige, nach der Sie sich sehnen!

Gegenwart

Kreis
Sie können nicht ewig auf Ihren Traumpartner warten, gehen Sie auf Ihn zu!

Kreise
Sie haben oft das Gefühl, jemanden schon zu kennen. obwohl Sie jene Person erst kennen gelernt haben!

Zukunft

Kreis
Sie studieren öfter das Leben als ihnen auffällt und das ist gut so!

Kreise
Langsam schließt sich der Kreis derer, die Sie gesucht haben und brauchen!

Kreuz/e = Geistzeichen

Das Kreuz ist ein Symbol für Religion, Konflikte, Leiden und Momentbegegnungen!

Vergangenheit

Kreuz
Sie haben viel Leid erlebt, das Sie vergessen wollen und zum Teil schon haben!

Kreuze
Ihre unmittelbare Umgebung reagiert mit Unverständnis auf Ihre Religion!

Gegenwart

Kreuz
Sie erleben momentan viele Glücksmomente, die Sie besser nutzen sollten als Sie es jetzt tun!

Kreuze
Konflikte werden Ihnen zugetragen, obwohl Sie nichts damit zu tun haben, lassen Sie sich nicht zum Sündenbock machen!

Zukunft

Kreuz
Nehmen Sie sich ab und an Zeit für ein Gebet, um Erfüllung zu erreichen.

Kreuze
Ihre Wege kreuzen sich mehrmals mit Personen die Ihr Schicksal bedeuten. Achten Sie sehr auf positive Signale!

Linie/n = Geistzeichen

Die Linie ist ein Symbol für Lebensabschnitt, Wegweisung und Grenzen!

Vergangenheit

Linie
Sie haben klare Grenzen gezogen, mit denen Ihre Umgebung zurechtkommen muss!

Linien
Sie stoßen immer wieder an Grenzen, die Sie überwinden wollen und können!

Gegenwart

Linie
Sie befinden sicha n einem wichtigen Lebensabschnitt, der über Ihr weiteres Leben entscheidet!

Linien
Ihnen ist der Weg zum Ziel gezeigt worden. Überlegen Sie ob sie Ihn gehen wollen!

Zukunft

Linie
Ihr Leben nimmt noch mal eine Wendung, mit der Sie nicht gerechnet haben!

Linien
Alle Wege stehen Ihnen offen. Sie müssen sich nur entscheiden!

Mann = Erdzeichen

Der Mann ist ein seltenes Symbol und steht für Versorgung, Kampf und Verantwortung!

Vergangenheit

Mann
Sie haben sich bis jetzt allein durchgekämpft und behauptet, Sie bräuchten jetzt auch keine Hilfe!

Männer
Für die Versorgung der Familie waren bis jetzt Sie zuständig. Sie dürfen aber ein wenig davon abgebe

Gegenwart

Mann
Die Verantwortung ist Ihnen voll überlassen worden. Gehen Sie damit sorgfältig um!

Männer
Jemand will Ihnen den Kampf ansagen. Warten Sie es ab!

Zukunft

Mann
Lassen Sie die Verantwortung bei Ihrem Partner!

Männer
In absehbarer Zeit wird bei Ihnen Versorgungsnot herrschen. Halten Sie sich Vorrat!

Maus = Erdzeichen

Die Maus ist ein altes Symbol und steht für Aushorchen, Schädigen und Krankheit!

Vergangenheit

Maus
Sie wurden geschädigt. Versuchen Sie eine Wiedergutmachung zu erlangen!

Mäuse
Man spionierte sie regelrecht aus und versuchte Details über Sie zu erfahren!

Gegenwart

Maus
Jemand hat Sie angesteckt. Sie sollten zum Arzt gehen und Sich schonen!

Mäuse
Aus Ihrem Bekanntenkreis leidet jemand an einer schweren Krankheit. Sie sollten jene besuchen!

Zukunft

Maus
Ein materieller Schaden wird sich ereignen. Jedoch ohne Verletzte!

Mäuse
Man hört Sie nicht an. Versuchen Sie deshalb den Umkehrschluss und hören Sie sich an, was man Ihnen Vorschlägt!

Mond = Luftzeichen

Der Mond ist eines der ältesten Symbole und steht für Ausgeglichenheit, Traumbeeinflussung und Anziehung!

Vergangenheit

Mond
Bis jetzt war Ihr Verhältnis zu Ihrem Partner etwas gestört. Glätten Sie etwas die Wogen!

Monde
Seit Ihrer Kindheit plagen Sie zwei oder mehr Albträume, die immer gleich sind. Darin stecken Ängste, die Sie allein nicht erkunden können. Suchen Sie Hilfe um diese zu erkunden!

Gegenwart

Mond
Sie finden jemanden momentan sehr anziehend. Diese Person hat aber wenig Zeit für Sie. Versuchen Sie ihn auf den Geschmack zu bringen!

Monde
Sie sind zur Zeit unausgewogen und fühlen sich nicht wohl, dies wird sich bei abnehmendem Mond legen!

Zukunft

Mond
Sie stehen mit beiden Beinen fest am Boden, so dass Sie nicht viel Risiko eingehen!

Monde
Liebe und Hass werden sich bei Ihnen weiterhin die Waage halten!

Mund = Erdzeichen

Der Mund ist ein altes Symbol und steht für Nachrichten, Lästern, Geschwätz und üble Nachrede!

Vergangenheit

Mund
Jemand hat Sie schon immer nicht gemocht und verbreitet schon seit langem Lügen über Sie!

Münder
Ihr Ruf ist da, wo Sie sich üblicherweise aufhalten nicht der beste gewesen und es wird weiterhin über Sie getuschelt!

Gegenwart

Mund
Jemand hat bei Ihnen in der Arbeit bei Ihrem Vorgesetzen eine Lüge erzählt, Sie werden erfahren wer es war!

Münder
Ein Gerücht kommt Ihnen zu Ohren. Lassen Sie sich davon nicht beeinflussen!

Zukunft

Mund
Jemand gibt Ihnen einen vermeintlich guten Rat für die Zukunft, machen Sie aber genau das Gegenteil davon!

Münder
Viele versuchen Sie zu beeinflussen und versprechen sich einen Vorteil. Gehen Sie Ihren eigenen Weg!

Münze = Geistzeichen

Die Münze ist ein Symbol für Kaufen, Bestechen, Schulden, Macht und Geiz!

Vergangenheit

Münze
Sie haben sich bis jetzt alles, was Sie haben selbst zusammengespart und können darauf stolz sein!

Münzen
Sie haben sich mit den Einkäufen, die Sie getätigt haben übernommen. Mäßigen Sie sich jetzt!

Gegenwart

Münze
Ihr Streben nach Macht ist zu überwältigend, als dass Sie überlegt handeln würden. Geben Sie acht!

Münzen
Jemand denkt Sie bestechen zu können. Sollte dies Ihr Wunsch sein, handeln Sie gut!

Zukunft

Münze
Seien Sie bei einer wichtigen Sache nicht zu geizig, dann wird sich der Erfolg von selbst einstellen!

Münzen
Einen Schuldenberg können Sie vermeiden, indem dem Sie jetzt schon mit dem Sparen anfangen!

Nase = Erdzeichen

Die Nase ist ein Symbol für Intuition, Abscheu und Neugier!

Vergangenheit

Nase
Jemand hat sich bis jetzt immer in Ihre Angelegenheiten eingemischt. Wenn Sie das nicht mehr wollen, machen Sie dies deutlich!

Nasen
Den richtigen Riecher haben Sie schon immer gehabt, aber nie richtig genutzt!

Gegenwart

Nase
Sie können jemanden aus Ihrem Bekanntenkreis nicht riechen. Gehen Sie jener Person wenn möglich - aus dem Weg; sonst gibt es Streit!

Nasen
Sie werden in letzter Zeit viel ausgefragt. Auch nach Dingen, bei denen es Ihnen komisch vorkommt, dass danach gefragt wird.

Zukunft

Nase
Sie haben die richtige Idee, brauchen aber jemanden, der Sie dabei unterstützt!

Nasen
Sie haben sich bei einer kleinen Gruppe unbeliebt gemacht. Es hat keinen Sinn, jetzt überstürzt zu handeln. Warten Sie ab!

Ohr = Erdzeichen

Das Ohr ist ein Symbol für Kommunikation, Gleichgewicht und Freundschaft!

Vergangenheit

Ohr
Sie hatten eine Person der Sie alles erzählen konnten zum Teil verloren. Ein Ersatz findet sich nicht so schnell!

Ohren
Ihr seelisches Gleichgewicht ist durcheinander! Sie können das Gerede von damals nicht mehr hören!

Gegenwart

Ohr
Eine nahestehende Person erwartet von Ihnen, dass Sie ihr zuhören!

Ohren
Hören Sie auf Ihre innere Stimme, die Ihnen bei der Angelegenheit, die Sie bedrückt helfen werden!

Zukunft

Ohr
Wenn körperliche Beschwerden vom Arzt ausgeschlossen werden, haben Sie Probleme mit Ihrer seelischen Verfassung!

Ohren
Nur durch eine gut ausgedachte Rede können Sie sich Gehör verschaffen!

Pferd = Erdzeichen

Das Pferd ist ein starkes Symbol für Naturverbundenheit, Anmut, Ergebenheit, Eleganz und Intelligenz!

Vergangenheit

Pferdekopf
Sie zieht es zurück zur Natur, Ihre Allergien kommen von der Stadtluft!

Ganzes Pferd
Ihre Anmut und Eleganz sind ein wenig verblichen. Lassen Sie sich nicht gehen!

Gegenwart

Pferdekopf
Ihre Konzentrationsfähigkeit ist zur Zeit enorm, bauen Sie diese Fähigkeit aus!

Ganzes Pferd
Ihr Partner ist Ihnen ergeben.Misstrauen ist fehl am Platz!

Zukunft

Pferdekopf
Ihre Intelligenz hilft Ihnen neue Wege in Ihrer Arbeit zu realisieren!

Ganzes Pferd
Ihr Partner schätzt Ihre Anmut, ist aber von Ihrer Treue nicht ganz überzeugt!

Punkt = Geistzeichen

Der Punkt ist ein Geistsymbol und nicht zu verwechseln mit einem Auge! Er steht für Namen (pro Punkt in Reihe ein Buchstabe) !

Vergangenheit

Gegenwart

Zukunft

Der Punkt ist für jede Zeitangabe ein Symbol für Namen, die Ihnen angedeutet werden wollen!

Die Punkte müssen in einer geraden Reihe stehen und die gleiche Größe haben. Sie sind immer in Zusammenhang mit einem anderen Symbol die Ergänzung dazu!

Eine Unterscheidung zwischen Nachnamen und Vornamen gibt es nicht, auch ist damit nur die Anzahl der Buchstaben angedeutet!

Pyramide/n = Geistzeichen

Die Pyramide ist ein genau so altes Symbol wie die Pyramiden selbst und nicht zu verwechseln mit Dreiecken △ da Pyramiden ▲ voll sind! Sie stehen für Geheimnis, Rätsel, Rituale, Anbetung und Fortschritt!

Vergangenheit

Pyramide
Jemand zeigt Ihnen gegenüber ein rätselhaftes Verhalten. Behalten Sie diese Person im Auge!

Pyramiden
Sie sind mit den Gewohnheiten und kleinen Ritualen Ihres Partners nicht vertraut, dies führt zu Spannungen!

Gegenwart

Pyramide
In der Angelegenheit, in der Sie zur Zeit vertieft sind, machen Sie keine großen Fortschritte. Versuchen Sie eine andere Herangehensweise!

Pyramiden
Ihr Partner betet Sie förmlich an. Jetzt ist eine gute Zeit für eine Hochzeit!

Zukunft

Pyramide
Legen Sie sich im Alltag Rituale zu. Dies beruhigt Ihre Nerven!

Pyramiden
Jemand verheimlicht Ihnen etwas, wird es aber bald offenbaren!

Quadrat = Geistzeichen

Das Quadrat ist ein Symbol für Realität, Gewohnheit und Bodenständigkeit! Sind zwei oder mehrere Quadrate in einander verschlungen, verstärkt es die Bedeutung!

Vergangenheit

Quadrat
Sie sind bodenständig erzogen worden und tun sich schwer, Neues zu akzeptieren!

Gegenwart

Quadrat
Sie hat die Realität eingeholt, es ist aber gut für die Seele, sich ein wenig in die Vergangenheit zu versetzen!

Zukunft

Quadrat
Ihre Gewohnheiten sind anderen manchmal ein Rätsel und befremdend. Lassen Sie sich nicht beirren, denn sonst kämen Sie aus dem Gleichgewicht!

Regen = Luftzeichen

Der Regen ist zu erkennen, wenn mindestens ein Drittel des Kaffeesatzes durchgehend mit tropfenartigen Symbolen beschichtet ist und sich keine anderen Symbole darin befinden! Es ist ein starkes Symbol für Trauer, Scheidung, Gefahr, Depressionen und Hoffnung!

Vergangenheit

Regen
Sie haben eine Scheidung oder Trennung hinter sich, die Sie sehr mitgenommen hat und immer noch an Ihrer Seele Wunden aufreißt!

Gegenwart

Regen
Sie laufen Gefahr, einer ganz großen Depression entgegen zu gehen, wenn Sie nicht einlenken;wenn nötig mit Hilfe von Außen!

Zukunft

Regen
Ihnen steht eine lange Trauerphase ins Haus! Auch sollten Sie sich vor Gefahren durch Dritte in Acht nehmen.

Ringe = Geistzeichen

Der Ring ist ein Symbol für Macht, Bindung, Kraft und Ausdauer!

Vergangenheit

Ring
Sie waren schon immer machtbewusst, haben aber Ihre Freunde dadurch verärgert!

Ringe
Sie sind ein Naturtalent was das Binden von Freundschaften anbelangt.

Gegenwart

Ring
Bleiben Sie ausdauernd an der Sache, die Sie momentan beschäftigt dran. Es lohnt sich!

Ringe
Ihre Kraft hat Grenzen, die Ihnen bewusst sind. Mit Freunden sind Sie stärker!

Zukunft

Ring
Sie werden in absehbarer Zeit eine feste Bindung mit jemanden eingehen!

Ringe
Schöpfen Sie aus dem Machtpotential Ihres Wissens Kraft!

Säge/n = Erdzeichen

Die Säge ist ein Symbol für Arbeit, Verletzung, Bosheit und Missgunst!

Vergangenheit

Säge
Ihre alte Arbeit hat Ihnen aus Gründen der Kollegialität besser gefallen!

Sägen
Eine alte Verletzung macht Ihnen immer noch zu schaffen!

Gegenwart

Säge
Sie haben mit Ihrer eigenen Bosheit jemanden gegenüber zu kämpfen. Lassen Sie sich zu nichts hinreißen!

Sägen
Ihnen gegenüber ist man missgünstig!

Zukunft

Säge
Sie sollten sich rechtzeitig nach einen neuen Arbeitsplatz umsehen, wenn Sie ein ungutes Gefühl haben!

Sägen
Ihnen kommt man mit Boshaftigkeit entgegen, die Sie sich nicht erklären können, aber aus Neid entsteht!

Sanddüne/n = Erdzeichen

Die Sanddüne ist ein Symbol für Nationalstolz, Heimatverbundenheit, Dürre und Wiederstand!

Vergangenheit

Sanddüne
Sie sehnen sich zurück in Ihre alte Heimat!

Sanddünen
Sie besitzen einen starken Nationalstolz!

Gegenwart

Sanddüne
Sie sind zäh und wiederstandsfähig. Das macht Eindruck bei der Konkurrenz!

Sanddünen
Sie sträuben sich gegen einen fremden Willen den man Ihnen versucht aufzuzwingen und das ist gut so!

Zukunft

Sanddüne
Stellen Sie sich auf eine lange Dürreperiode in Geldangelegenheiten ein!

Sanddünen
Egal, wohin auch immer Sie gehen, Sie werden immer stolz auf Ihre Herkunft sein!

Schiff/Boot = Wasserzeichen

Das Schiff/Boot ist ein Symbol für Fernweh, Leidensfähigkeit und Trennung!

Vergangenheit

Schiff
Was Beziehungen anbelangt, ist Ihre Leidensfähigkeit bemerkenswert!

Boot
Sie haben einen langen Leidensweg abgeschlossen und können neu beginnen!

Gegenwart

Schif f
Ihre Reiselust ist unbegrenzt und stark, gehen Sie aber kein Risiko in Geldangelegenheiten ein!

Boot
Sie haben Fernweh, sind aber an etwas sehr gebunden!

Zukunft

Schiff
Sie werden von Ihrem Partner für eine gewisse Zeit getrennt sein müssen!

Boot
Ihr Partner hat sich innerlich schon von Ihnen getrennt. Eine Chance haben Sie aber noch ihn wieder zu gewinnen!

Schlange/n = Erd/Geistzeichen

Die Schlange ist eines der ältesten Symbole und auch ein Religiöses Symbol für Verführung, List, Verbannung und Unglück!

Vergangenheit

Schlange
Ein Unglück nach dem anderen hat Sie in letzter Zeit heimgesucht, dies hat bald ein Ende!

Schlangen
Mit List sind Sie noch einmal einer Gruppe, die versucht hat Sie zu täuschen, entgangen!

Gegenwart

Schlange
Sie sind momentan jemanden Verfallen, dem Sie blindlings trauen. Geben Sie acht!

Schlangen
Viele falsche Freunde umgarnen Sie zur Zeit. Wollen Ihnen aber nicht nur gutes!

Zukunft

Schlange
Eine Verbannung aus einer Gruppe der Sie angehören, wird Ihnen wehtun. Dies ist aber nicht unbedingt zu Ihrem Nachteil!

Schlangen
Sie sollten unbedingt einen schlechten Einfluss, den Sie genau kennen, aus Ihrem Leben verbannen. Sonst kommen Sie immer tiefer in deren Einflussbereich!

Schuh/e = Geistzeichen

Der Schuh ist ein Symbol für Krankheit, körperliches Wohlbefinden, Albträume!

Vergangenheit

Schuh
Ihre Albträume sind ein Spiegel der Arbeit in der Sie denken, nicht recht Fuß gefasst zu haben!

Schuhe
Mehrere Stressfaktoren lösen bei Ihnen Schlaflosigkeit und Albträume aus, nehmen Sie sich mehr Zeit zum Entspannen!

Gegenwart

Schuh
Ihr körperliches Wohlbefinden ist zur Zeit aus dem Gleichgewicht geraten und Sie haben auch keine Kondition mehr! Machen Sie mehr Sport und autogenes Training, was Sie vorher mit Ihrem Arzt absprechen sollten!

Schuhe
Ihr Leiden kann durch Normalmedizin nicht genau bestimmt werden, gehen Sie offen auf Alternativen wie chinesische Heilkunst zu!

Zukunft

Schuh
Sie haben eine leichte, versteckte noch nicht erkannte Krankheit! Gehen Sie bitte zum Arzt und lassen Sie sich untersuchen!

Schuhe
Eine Krankheit beeinträchtigt kurzfristig Ihren normalen Alltagsablauf!

See = Wasserzeichen

Der See ist ein Symbol, das schwer zu erkennen ist, da es genau umrandet sein muss und im Inneren eine Wellenform dargestellt sein sollte die regelmäßig ist!
Er steht für Neugier, Wissenslust und positive Energien!

Vergangenheit

See
Die Vergangenheit weckt Ihre Neugier unddient nicht nur der Aufarbeitung sondern ebenso der Selbstfindung!

Gegenwart

See
Ihre positive Energie schöpfen Sie zur Zeit aus einem unendlichen Quellsee! Sie sind kreativ, gut gelaunt und stark!

Zukunft

See
Sie sind sehr neugierig und wissensdurstig! Es kann nur zu Ihrem Vorteil sein und es wird auch sehr bald auf Ihren Einsatz positive Reaktionen geben!

Seil/e = Erdzeichen

Das Seil ist an seiner gewundenen Form zu erkennen und ist ein Symbol für Zusammenhang, Bindung und Rettung!

Vergangenheit

Seil
Ihre Beziehung braucht eine neue Bindung, erklären Sie Ihre Liebe erneut!

Seile
Sie sind noch einmal vor etwas Schlimmen bewahrt worden. Zeigen sie sich dankbar!

Gegenwart

Seil
Ihr Zusammenhalt in der Familie ist nicht so stark wie Sie sich es erwünschen. Machen Sie den ersten Schritt!

Seile
Sie haben jemanden sehr geholfen,;man kann sagen, fast schon gerettet! Derjenige ist Ihnen dankbarer als Sie denken!

Zukunft

Seil
Ihr Partner bindet Sie zu stark an sich, so dass Sie sich eingeengt vorkommen!

Seile
Eine Person wird Sie bald von Ihren Sorgen erretten. Sie kennen diese Person, hätten aber nicht gedacht, dass Sie Ihnen helfen kann!

Sphinx = Erdzeichen

Die Sphinx ist ein altes ägyptisches Symbol und kommt äußerst selten vor! Es steht in der Kaffeesatzleserei für Macht, Reichtum undEroberung!

Vergangenheit

Sphinx
Sie haben in einer Tätigkeit die Sie ausüben und eine gehobene Stellung einnehmenIhre Macht verloren! Es ist möglich, diese Machtlücke mit anderen Mitteln zu ersetzen!

Gegenwart

Sphinx
Reichtum ist für Sie nicht unbedingt ein Fremdwort, auch wenn Sie jetzt keinen besitzen, haben Sie gute Ideen, diesen zu erreichen! Setzen Sie jetzt alle Hebel in Bewegung, diese zu verwirklichen. Es wird sich lohnen!

Zukunft

Sphinx
Sie werden in naher Zukunft viele Eroberungen in privater und beruflicher Hinsicht machen, die sich nicht nur auf Liebesangelegenheiten beschränken werden!

Spiegel= Geistzeichen

Der Spiegel ist ein Gesicht, das einen Rahmen um sich hat der völlig geschlossen ist! Es ist ein Symbol für Schicksal, Seelenverwandtschaft und Eingebungen!

Vergangenheit

Spiegel
Sie sehen Ihrem Schicksal nur noch hinterher da Sie aktiv nicht mehr in diese Sache eingreifen können!

Gegenwart

Spiegel
Eine Eingebung, die Sie sich nicht erklären können und Ihnen vielleicht auch ein bisschen Angst macht ist, nur zu Ihrem Vorteil!

Zukunft

Spiegel
Sie werden jemanden treffen, mit dem Sie sich seelenverwandt fühlen und es wird mehr zu bedeuten haben als Sie denken!

Stein/e = Erdzeichen

Der Stein ist ein Symbol für Härte, Wiederstand und Überwindung!

Vergangenheit

Stein
Es hat Ihnen in der Vergangenheit viel Überwindung gekostet, die Fehler Ihres Partners zu verzeihen!

Steine
Sie mussten erst eine bestimmte Gruppe von Personen überwinden, um an Ihr Ziel zu gelangen!

Gegenwart

Stein
Ihr Herz hat sich gegenüber einer bestimmten Person verhärtet. Versuchen Sie nicht zu hart zu sein, da es sich für beide Seiten nicht lohnt!

Steine
Sie haben einen harten Verhandlungspartner in der Sache, der Sie nachgehen. Versuchen Sie es mit sachlichen Argumenten!

Zukunft

Stein
Sie leisten viel Wiederstand, um nicht Ihre wahren Gefühle der geliebten Person gegenüber zu zeigen. Ein wenig Offenheit in Sachen Gefühle wäre gut!

Steine
Ihre Liebe wird nicht erhört und Sie machen sich einfach viel zu viel Gedanken und engen damit die Entscheidungsfreiheit der Person ein!

Stern/e = Luftzeichen

Der Stern ist ein altes Symbol für Ferne, Phantasie und Fremdes!

Vergangenheit

Stern
Sie hat schon immer das Fremde fasziniert und das beschäftigt zur Zeit Ihre Gedanken!

Sterne
Jemand Fremdes wird Ihnen etwas mitteilen, das Sie auch schon einmal erlebt haben!

Gegenwart

Stern
In Ihrer Phantasie haben Sie das, was Sie vorhaben schon tausend mal durchgespielt, es ist aber noch nicht so weit, es zu verwirklichen!

Sterne
Sie haben eine bestimmte sexuelle Phantasie noch niemanden mitgeteilt. Ihr Partner hätte vielleicht Verständnis!

Zukunft

Stern
Sie hat schon immer das Fremde fasziniert und das beschäftigt auch zur Zeit Ihre Gedanken!

Sterne
Jemand Fremdes wird Ihnen etwas mitteilen, was Sie auch schon einmal erlebt haben!

Straße/n = Erdzeichen

Die Straße ist ein häufig vorkommendes Symbol und führt meistens zum Tassenrand hin oder hört kurz davor auf. Es steht für Ausdauer, Geduld und Vorhaben!

Vergangenheit

Straße
Sie haben Ihren Weg bis hier hin mit sehr viel Geduld bestritten. Umso ärgerlicher, das es momentan nicht weiter geht (Es ist wichtig, das darauf folgende Symbol zu beachten).

Straßen
Bis jetzt hatten Sie immer wenig Ausdauer in allen Angelegenheiten. Legen Sie sich einen Talisman zu! Tipp: Ein rotes Band aus Kamelhaar um das Fußgelenk!

Gegenwart

Straße
Sie haben etwas vor und konzentrieren sich sehr darauf. Es ist gut geplant und Sie werden Erfolg damit haben!

Straßen
Jemand hat mit Ihnen etwas vor, das Ihnen nicht gefällt, weil Sie diese Sache nicht abschätzen können!

Zukunft

Straße
Ihre Geduld ist nun am Ende und Sie werden in dieser Sache auch in Zukunft keine andere Meinung mehr haben!

Straßen
Eine Person in Ihrer Arbeit hat die Geduld mit Ihnen verloren und wird versuchen, Ihnen Schwierigkeiten zu machen!

Taube/n = Luftzeichen

Die Taube ist ein Symbol für Nachricht, Orientierung und Heimkehr!

Vergangenheit

Taube
Nach langer Abwesenheit sind Sie endlich wieder zurück!

Tauben
Jemand bittet Sie heimzukehren und möchte Sie in die Arme schließen. Sie wissen wer!

Gegenwart

Taube
Sie bekommen eine sehr erfreuliche und positive Nachricht!

Tauben
Sie haben kurzfristig die Orientierung verloren. Gehen Sie zurück bis zur Abweichung!

Zukunft

Taube
Wenn Sie jetzt die Orientierung behalten, kommen Sie früher an Ihr Ziel als Sie denken!

Tauben
Eine Nachricht wird Sie auf eine neue Weise beflügeln und Ihnen neue Kraft geben!

Telefon = Geistzeichen

Das Telefon ist ein Symbol für Kommunikation, Verbundenheit und Fortschritt!

Vergangenheit

Telefon
Rückblickend sehen Sie den Fortschritt, den Sie gemacht haben und der ist nicht klein! Immer wieder mal einen Blick nach hinten zu riskieren ist gut, um Erfolge besser zu erkennen!

Gegenwart

Telefon
Eine starke Verbundenheit zu einem Menschen ist sehr ausgeprägt, sich aber endgültig zu binden ist ein bisschen zu früh!

Zukunft

Telefon
Sie werden viel reden müssen um einen Menschen davon zu überzeugen, auf Ihre Wünsche einzugehen! Auch in der Arbeit kostet es Sie viel Überredungskünste, alle auf Ihre Seite zu bringen!

Teufel = Geistzeichen

Der Teufel ist ein Gesicht mit hornartigem Gebilde auf dem Kopf! Dieses Symbol ist nicht so gefährlich, wie man meinen könnte, da es in der Kaffeesatzleserei für Sünde, Verführung, Sex und Unglaube steht!

Vergangenheit

Teufel
Sie haben sehr viele Sünden begangen, die Sie bereuen sollten, da es Sie seelisch sehr belastet!
Ein Besuch in Ihrer Glaubensgemeinschaft hilft Ihnen weiter!

Gegenwart

Teufel
Sie versuchen Ihre innere Leere momentan mit exzessiven sexuellen Erlebnissen auszufüllen und gehen damit viel zu weit! Überlegen Sie Ihr Handeln besser und denken Sie über die Konsequenzen nach!

Zukunft

Teufel
Sie werden in Ihrem Alltag ständigen Verführungen ausgesetzt sein und es fällt Ihnen nicht leicht, diese von sich fern zu halten!

Tier/e = Erdzeichen

Tiere sind je nach Art und Größe unterschiedlich zu deuten. Auch ist auf die Richtung zu achten, in der Sie stehen!

Grundsätzlich sind Tiere in der Kaffeesatzleserei positive Symbole und es gibt nur wenige Ausnahmen!

Tropfen = Luftzeichen

Der Tropfen ist ein Symbol für Reichtum, Entwicklung und Reinheit!

Vergangenheit

Tropfen
Ihre Beziehung hat eine Entwicklung durchgemacht die bemerkenswert ist!

Gegenwart

Tropfen
Sie erhoffen sich schnellen Reichtum, was anfangs auch zu gelingen scheint, sich aber dann doch nicht erfüllt. Vorsicht ist geboten!

Zukunft

Tropfen
Sorgen Sie für mehr Reinheit da es sonst immer wieder für Zwist in Ihren Beziehungen zu anderen kommen wird!

Tuch/Tücher = Geistzeichen

Die Tücher sind dreieckig, viereckig rechteckig und durchgehend umrandet, im inneren ist ein Muster zu erkennen! Es ist ein Symbol für Schutz, Verbergen und Versteckte Andeutungen!

Vergangenheit

Tuch
Sie konnten bis jetzt Ihre Gefühle gut verbergen, was kein Zustand auf Dauer ist!

Tücher
Sie suchen Schutz bei verschiedenen Personen, die Ihnen aber nicht das geben können, was sie genau wollen!

Gegenwart

Tuch
Ihr Gegenüber versteht Ihre Andeutungen nicht. Werden Sie klarer in Ihren Aussagen!

Tücher
Jemand macht Ihnen Andeutungen, die allen anderen schon klar sind, Sie aber haben diese immer noch nicht erkannt!

Zukunft

Tuch
Sie haben Sich hinter einen Schleier versteckt und sehen ängstlich in die Zukunft; jedoch ohne Grund!

Tücher
Achten Sie verstärkt auf Zeichen, da diese sehr unscheinbar sind Ihnen aber dennoch weiterhelfen!

Uhr/en = Geistzeichen

Die Uhr ist ein Symbol für Zeit/Lebensabschnitte, Alterung und Termine!

Vergangenheit

Uhr
Sie sind in einem Lebensabschnitt zu schnell vorbeigegangen und sehnen sich diesen zurück!

Uhren
Ihre Innere Uhr gibt Ihnen einen anderen Takt vor als Sie Ihn leben, richten Sie sich so weit es geht, nach ihr!

Gegenwart

Uhr
Sie fühlen sich alt und ausgelaugt. Ein wenig Sport und gesunde Ernährung helfen Ihnen weiter!

Uhren
Ihnen rast momentan die Zeit davon und Sie wissen nicht, wo Sie anfangen sollen. Erstellen Sie sich eine Terminliste!

Zukunft

Uhr
Ihnen wird Ihr Alter durch die Veränderungen der Umwelt um Sie herum zunehmend bewusster!

Uhren
Sie haben in naher Zukunft mehr Zeit, sich um die Dinge zu kümmern, die Sie schon immer mal machen wollten!

Uhu/Eulen = Geistzeichen

Der Uhu/Eule ist in der Kaffeesatzleserei ein negatives Symbol und steht für Unglück, Missgeschick, Fehlschläge und Familienprobleme!

Vergangenheit

Uhu/Eule
Ein Missgeschick hat Sie in die Lage gebracht, in der Sie sich gerade befinden.Ein Ausweg lässt nicht so schnell finden.

Gegenwart

Uhu/Eule
Familiäre Probleme sind für Sie momentan normal! Sie geben aber auch nicht nach und die Lage wird sich in naher Zukunft nicht ändern!

Zukunft

Uhu/Eule
Stellen Sie sich auf Missgeschicke und auf ein Unglück ein, auf das Sie keinen Einfluss nehmen können! Es wird allerdings nicht so schwer sein, wie es den Anschein hat und Sie es befürchten!

Vogel/ Vögel = Luftzeichen

Der allgemeine Vogel ist nur ein zweifach gebogener Strich und ist ein Symbol für Freiheit, Überleben und Sehnsüchte!

Vergangenheit

Vogel
Sie haben viele überlebt, auch in der Arbeit sind Sie einer der letzten verbliebenden!

Vögel
Sie wollten nicht mit der Allgemeinheit davonziehen und haben es vorgezogen, Ihren Weg zu gehen!

Gegenwart

Vogel
Ihr Freiheitsdrang ist stärker als Ihre Liebe zu Ihrem Partner und Sie wollen Sich nicht einschränken lassen!

Vögel
In beruflicher Hinsicht erlangen Sie alle Freiheiten, die Sie brauchen, um voranzukommen!

Zukunft

Vogel
Ihre Sehnsüchte sind nicht ganz unerhört, doch es braucht mehr Zeit!

Vögel
Jemand sehnt sich sehr nach Ihnen, will oder kann es Ihnen aber nicht sagen!

Vulkan/e = Erdzeichen

Der Vulkan hat fast die gleiche Bedeutung wie die Straße, geht aber nicht parallel sondern pyramidenartig nach oben zu und wirft Lava aus. Er ist ein Symbol für Jähzorn, Explosivität undUnkontrollierte Wut!

Vergangenheit

Vulkan
Sie neigen immer wieder zu Unkontrollierten Wutausbrüchen, was nicht nur Ihnen schadet!

Vulkane
Mehrere Vulkane verstärken nur das Symbol!

Gegenwart

Vulkan
Sie werden momentan von allen bis auf wenige gemieden, da Sie zur Zeit sehr unberechenbar sind! Mäßigung ist angebracht.

Vulkane
Mehrere Vulkane verstärken nur das Symbol!

Zukunft

Vulkan
Sie haben einen positiven Jähzorn entwickelt und können diesen auch kontrolliert einsetzen!

Vulkane
Mehrere Vulkane verstärken nur das Symbol!

Wand = Erdzeichen

Die Wand ist immer Seitwärts zu sehen und besteht aus ziegelartigen Steinen und ist ein Symbol für Hindernis, Prüfung und Abschottung!

Vergangenheit

Wand
Sie haben sich seit längerem völlig abgeschottet und wollen nichts mehr von der Welt um Sie herum wissen! Ein Blick nach draußen würde sich lohnen.

Gegenwart

Wand
Ihnen steht eine sehr wichtige Prüfung bevor, auf die Sie sich noch nicht ganz vorbereitet haben. Gehen Sie Ihre Vorbereitung noch mal durch!

Zukunft

Wand
Sie stoßen in Kürze auf ein riesiges Hindernis, dass Sie alleine nicht bewältigen werden!

Wasser = Erdzeichen

Wasser im Allgemeinen ist ein Symbol für Wunscherfüllung, körperliche Befriedigung, Ruhe und Gelassenheit! Wo immer Sie Wasser im allgemeinen zu erkennen meinen ist dieses Symbol anzuwenden.

Vergangenheit

Wasser
Sie haben sich einen lang ersehnten Wunsch erfüllt und sind momentan rund um zufrieden!

Gegenwart

Wasser
Körperliche Befriedigung holen Sie sich momentan aus der Ernährung. Achten Sie stark darauf, nicht stark übergewichtig zu werden!

Zukunft

Wasser
Ihre Ruhe und Gelassenheit schöpfen Sie aus der Kraft Ihres Partners und ihrer Familie! Dies wird sich auch nicht ändern.

Zahn/Zähne= Erdzeichen

Der Zahn ist ein Symbol für Verlustängste, Schmerz, Sorgen und Freude!

Vergangenheit

Zahn
Seit Jahren erleiden Sie einen Schmerz der Ihnen sehr zu schaffen macht und mal stärker mal schwächer ist!

Zähne
Verlustängste machen Ihnen Ihr Leben schwer und helfen Ihnen nicht weiter!

Gegenwart

Zahn
Jemand freut sich sehr. Er hat Sie mit seiner Freude angesteckt und positiv gestimmt!

Zähne
Sorgen plagen Sie und lähmen Ihre Kreativität. Machen Sie sich davon frei, sonst wird es Ihnen nicht so schnell gelingen neu anzufangen!

Zukunft

Zahn
Eine Trennung wird Sie schmerzen, ist aber nur zu Ihrem Vorteil!

Zähne
Sie haben Angst in der Zukunft etwas zu verlieren, was Sie nicht wieder bekommen, aber man kann nicht immer nur gewinnen!

Arche Noah Musik -Buchverlag
Ammergauer Str. 80 86971 Peiting
Tel.: 08861-59018 Fax: 08861-67091
E-Mail: info@verlag-arche-noah.de
www.verlag-arche-noah.de

Brigitte Glaser
Dein Schicksal aus den Karten
128 Seiten, Softcover
Euro12,80
ISBN: 3-931721-52-3

Einfache Skatkarten reichen, um die Kunst des Kartenlegens zu erlernen.

Herz für Liebe,
Karo für Erfolg,
Kreuz für Sorgen

neben den Grundbedeutungen der Karten erklärt die erfahrene Kartenlegerin Brigitte Glaser, wie die verschiedensten Kombinationen zu deuten sind.
Beispiele aus der Praxis und eine Fülle von Abbildungen illustrieren, wie die Leserinnen und Leser gekonnt in die Vergangenheit, Gegenwart und Zukunft blicken können.

Norbert Giesow
Astrologie &Spiritualität
272 Seiten, Softcover
Euro 22,00 ISBN: 3-931721-42-6

Dieses Buch verbindet die Themenbereiche Astrologie und Spiritualität. Neben einer fundierten und tiefgründigen Einführung in die Astrologie wird auch die Spiritualität ausführlich behandelt. Außerdem werden viele Sachthemen der Astrologie behandelt, die in der astrologischen Literatur bisher kaum Beachtung gefunden haben

Norbert Giesow
Astrologie & Beziehungen
Softcover
Euro 23,80 ISBN: 3-931721-49-3

Dieses Buch beleuchtet menschliche Beziehungen aus astrologischer und spiritueller Sichtweise. Es beinhaltet auch die Verhältnisse aller Tierkreiszeichen miteinander und gibt einen Einblick in die tiefe Struktur menschlicher Beziehungen.

Arche Noah Musik -Buchverlag
Ammergauer Str. 80 86971 Peiting
Tel.: 08861-59018 Fax: 08861-67091
E-Mail: info@verlag-arche-noah.de
www.verlag-arche-noah.de

Brigitte Glaser

Kipperkarten-Buch

ca.208 Seiten, Softcover

Euro19,00 ISBN: 3-931721-40-X

Dieses Werk verschafft endlich einmal einen praktischen Überblick über die Kunst des Kartenlegens mit Kipperkarten. Das Buch ist durchgehend reich bebildert und durch die hohe Aussagekraft der Karten wird dem Einsteiger ein schneller Zugang zur praktischen Umsetzung ermöglicht. Neben der Vorstellung der einzelnen Kartenbilder werden verschiedene Kombinationsmöglichkeiten verständlich erläutert.
Das Besondere: für verschiedene Fragestellungen stehen mehrere Legesysteme zur Verfügung. Ein Arbeitsbuch von hohem praktischen Nutzen!

Brigitte Glaser

Erfahrungsberichte mit der Reiki-Kraft

208 Seiten, Softcover

Euro17,00 ISBN: 3-931721-50-7

Die Autorin möchte die Erfahrungen ihrer Schüler, sowie die ihres Mannes und seinen Schülern, mit Reiki anschaulich und praxisbezogen vermitteln. Die Geschichten sollen dem Leser Mut machen, Reiki für sich und andere anzuwenden. Mit einfachen Anwendungen kann man sich täglich Reiki geben. Meist reichen schon ein paar Minuten aus, um eine völlig neue Lebensqualität zu erlangen.
Der Mensch ist selbst in der Lage, Körper, Geist und Seele in Einklang zu bringen und krankmachende Verhaltensmuster loszulassen.
Die aufgeführten Erzählungen sind wahre Begebenheiten.

Arche Noah Musik -Buchverlag
Ammergauer Str. 80 86971 Peiting
Tel.: 08861-59018 Fax: 08861-67091
E-Mail: info@verlag-arche-noah.de
www.verlag-arche-noah.de

Johannes Fisslinger

Erfahre die Farben deiner Aura - und werde zum ;Meister deines Selbst

256Seiten, Softcover

Euro 20,00 ISBN: 3-931721-46-9

Das Verständnis für die Verbindung zwischen unserem Körper und unserem Geist ist nicht nur für unser Wohlbefinden unerlässlich, sondern auch für unser persönliches und spirituelles Wachstum.
Johannes Fisslinger der seit vielen Jahren die Entwicklung der Aura-Photographie entscheidend geprägt hat, beschreibt in diesem Buch das gesamte Spektrum der Aura-Farben mit den daszugehörigen Farbtypen. Es hilft uns anhand der Aura-Photographie mögliche Blockaden zu erkennen, diese sichtbar zu machen und sie zu überwinden. Das einzige, was wir dazu brauchen, ist Unvoreingenommenheit und den Willen, in unserem Leben einige Veränderungen herbeizuführen, um für uns das Leben zu erschaffen, das wir verdienen.

Volker Rimkus

Der Mann im Wechsel seiner Jahre

328 Seiten, Hardcover

Euro 22,00 ISBN: 3-931721-42-6

Lebenslust statt Lebensfrust im Alter

Dieses Buch macht zunächst deutlich, dass sich auch bei Männern die Wechseljahre einstellen. Es soll in erster Linie den betroffenen Mann und nicht den medizinischen Fachmann ansprechen. Alle medizinischen Zusammenhänge werden in leicht verständlicher Form geschildert und machen das Buch zu einem wertvollen Nachschlagewerk. Autor ist u.a. durch viele Fernsehsendungen bekannt geworden.

Arche Noah Musik -Buchverlag
Ammergauer Str. 80 86971 Peiting
Tel.: 08861-59018 Fax: 08861-67091
E-Mail: info@verlag-arche-noah.de
www.verlag-arche-noah.de

Ute Wehrend
Das Reiki-Buch - Heilung und Weg
200 Seiten, Softcover
Euro 15,00 ISBN: 3-931721-34-5

Mit fundierter Sachkenntnis und voller Herzens-wärme und Lebensweisheit vermittelt die Autorin Ihnen alles, was Sie über Reiki wissen sollten. U. a.
- Wie und warum „funktioniert Reiki
- Was ist überhaupt Energie - und was macht sie mit uns?
- Die Bedeutunt von Einweihungen, Symbolen, Meridianen, Chakren uvm.
- Wie können wir gesund und glücklich bleiben?

Dieses Buch wurde im Reiki-Magazin als das beste aller Reiki-Bücher für Anfänger beschrieben.

Sabine Immesberger
... und der Himmel geht über dir auf
Reiki für Kinder
ca. 200 Seiten, Softcover
Euro 15,00 ISBN: 3-931721-451-5

„... und der Himmel geht über dir auf" spricht in erster Linie Kinder an, aber auch Erwachsene, die Reiki kennen lernen und verstehen möchten.
Seit vielen Jahren ist bekannt, daß aus unseren Händen natürliche Energie strömt, die beruhigend und schmerzlindernd wirkt. Die Fähigkeit, diese Energie zu übertragen, hat jeder Mensch in sich. Reiki ist der japanische Name für diese Energie und beschreibt eine uralte Methode, diese Energie richtig einzusetzen.

Arche Noah Musik -Buchverlag
Ammergauer Str. 80 86971 Peiting
Tel.: 08861-59018 Fax: 08861-67091
E-Mail: info@verlag-arche-noah.de
www.verlag-arche-noah.de

Rainer Lange

Meditation - Der Weg zur Mitte

150 Seiten Softcover

Euro 15,00 ISBN: 3-931721-36-1

Dieses Buch ermöglicht in verständlicher und interessanter Form Einblick in das bisher geheimnisumwobene Reich der Meditation. Es verschafft einen klaren Zugang zur Meditation und beleuchtet alle hiermit verbundenen Zusammenhänge. Meditation wird nicht mehr losgelöst und trocken beschrieben, sondern es wird der Sinn sowie die positive Wirkung der Meditation vor dem Hintergrund unserer augenblicklichen gesellschaftspolitischen Weltsituation deutlich gemacht. Außerdem erhält der Leser eine gut verständlich beschriebene Anleitung, um diese zukunftsweisende „Technik“ zu erlernen und somit sofort mit dem Meditieren beginnen zu können.

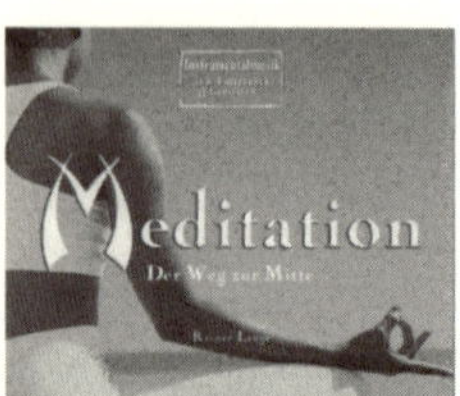

Rainer Lange

Meditation CD - Der Weg zur Mitte

ca. 79 Min. Instrumentalmusik

Euro 19,00 ISBN: 3-931721-20-5

Inkl. Posterbooklet mit Meditations-Leitfaden

Die Erholung des Geistes, um den Alltagsstress zu meistern, ist ebenso notwendig wie die Regeneration nach körperlicher Anstrengung. Wer nicht abschalten kann, ist bald ausgebrannt. Meditation ist ein einfaches aber wirksames Mittel, um zu entspannen, Abstand zu gewinnen und wieder zu sich zu kommen. Meditieren fördert die psychische Stabilität und damit diue allgemeine Gesundheit. Eine halbe Stunde tagliches Meditieren genügt, um Optimismus und Lebensfreude zu erhalten.

Arche Noah Musik -Buchverlag
Ammergauer Str. 80 86971 Peiting
Tel.: 08861-59018 Fax: 08861-67091
E-Mail: info@verlag-arche-noah.de
www.verlag-arche-noah.de

Uwe Gurlt
Der Weg des Pilgers
212 Seiten, Softcover
Euro 15,00 ISBN: 3-931721-39-6

Dieser spirituelle Roman erzählt den Werdegang eines erfolgreichen Mannes, der durch ein tragisches Unglück seine Familie verliert und dadurch aus der Bahn geworfen wird. Er flieht aus seiner gewohnten Umgebung und macht sich, zunächst unfreiwillig und unbewusst, auf eine Reise, seine persönliche Pilgerreise, auf der er immer wieder Menschen trifft, die ihm zu spirituellen Erkenntnissen verhelfen und ihn „auf den Weg bringen". Es werden viele Themen in diesem Roman angesprochen: die Sinnhaftigkeit des Lebens, das Leben als Pilgerreise, die Nichtexistenz des Zufalls, die esoterische Bedeutung von Weihnachten u.a.

Uwe Gurlt
Der Tod im Spiegel
244 Seiten, Softcover
Euro 19,00 ISBN: 3-931721-45-0

Kaum ein Thema löst bei uns soviel Angst aus, wie der Tod und das Sterben. Erst eine Auseinandersetzung mit diesem Thema klärt die Frage nach dem Grund und dem Ziel unseres Daseins - und damit nach dem Sinn des Lebens.

In allen äußerlich so verschiedenen Religionen, Philosophien, Mythen, Märchen, mystische Visionen und sogar in der Psychologie wohnt dasselbe okkulte Wissen über den Tod und darüber, was danach kommt

Arche Noah Musik -Buchverlag
Ammergauer Str. 80 86971 Peiting
Tel.: 08861-59018 Fax: 08861-67091
E-Mail: info@verlag-arche-noah.de
www.verlag-arche-noah.de

Rainer Lange
Quell der Heilung
Vol. 1, ca. 60 Min.
inkl. Posterbooklet
Reiki Lebensregeln & Handpositionen
Euro 19,00
ISBN: 3-931721-11-6

Rainer Lange
Quell der Heilung
Vol. 2, ca. 60 Min.
inkl. Posterbooklet
Erklärung & Darstellung des Chakrensystems
Euro 19,00
ISBN: 3-931721-17-5

Rainer Lange
Quell der Heilung
Vol. 3, ca. 68 Min.
inkl. Posterbooklet
Heilen mit Edelsteinen
Euro 19,00
ISBN: 3-931721-10-8

Die Erfolgsserie „*Quell der Heilung*“ jetzt NEU in attraktiver Aufmachung im umweltfreundlichen DigiPack und jeweils mit einem Poster:

Unsere **Reiki**-Musik **„Quell der Heilung“** gehört inzwischen mit zu den beliebtesten CD´s auf dem gesamten Markt der Entspannungsmusik! Diese Musik ist speziell auf die **Reiki-Anwendung** bezogen – sie ist bis jetzt ohne Vergleich und hat sich auch in **Reiki-Seminaren** als sehr hilfreich erwiesen.

Die **heilenden Schwingungen** dieser Kompositionen unterstützen und intensivieren die Wirkung jeder **Reiki**-Anwendung. Sie ist in sich harmonisch abgerundet und erzeugt eine dem **„Wunder Reiki“** angemessene feierliche Stimmung. Das Tempo ist jeweils dem gesunden Herzrhythmus angepasst. Alle drei Minuten ertönen zwei sanft in den Fluss der Musik eingebettete Meereswellen, die einen dezenten Hinweis auf einen möglichen Positionswechsel geben.
Wegen ihrer eingehenden und wohltuenden Melodien ist diese Musik natürlich auch für alle weiteren Therapie- und Entspannungsformen oder auch einfach als harmonisierende Hintergrundmusik geeignet!